DESTINATIONS 3

Heidi Gollert, M.Ed.

Elver Peruzzo, M.Ed.

Claire Piché, M.Ed.

Copp Clark Pitman Ltd.
A Longman Company
Toronto

Developmental Editor:
Marie Turcotte

Production Editor:
Caroline Kloss

Editors:
Maral Bablanian,
Trish Simpson Brown

Art Direction/Design:
Mary Opper

Cover Design:
Mary Opper

Cover Illustration:
Sue Denti

Typesetting:
B.J. Weckerle

Printing and Binding:
Tri-Graphic Printing (Ottawa) Limited

ISBN 0-7730-5134-1

Canadian Cataloguing in Publication Data

Gollert, Heidi.
  Destinations 3

For English-speaking students of French as a second language.
ISBN 0-7730-5134-1

1. French language — Textbooks for second language learners — English speakers.* I. Peruzzo, Elver. II. Piché, Claire. III. Title.

PC2112.G65 1992   448.2'421   C92-093806-X

Printed and bound in Canada

Table des matières

703105

UNITÉ A

UNITÉ B

UNITÉ C

UNITÉ D

UNITÉ E

Chers spectateurs

. . . .

Dans cette unité, tu vas pouvoir:

▼

parler des genres de films et d'émissions de télévision

▼

parler de tes activités au passé

▼

exprimer l'accord et le désaccord

▼

remercier quelqu'un

▼

exprimer une surprise

5

Une chanteuse au passé mystérieux
Un détective solitaire
Un crime violent
Une histoire inoubliable

LES LIAISONS MYSTÉRIEUSES

Pour la première fois à l'écran... vos deux vedettes préférées réunies dans un film d'action, d'aventures et d'amour...

Claire Gallant ET *Paul Ramirez*

☆ **4 fois gagnante du Festival de la chanson**

☆ **gagnante d'un prix Juno pour sa chanson Au revoir, mon ami**

☆ **en nomination pour un prix Génie**

☆ **gagnant - meilleur acteur de soutien dans L'Honneur avant tout**

«Claire Gallant est superbe! Dans *Les liaisons mystérieuses*, elle fait preuve d'un talent extraordinaire!»
- La Presse de Vancouver

«Comme toujours - sensible et solitaire - Paul Ramirez interprète son rôle à la perfection.»
- Le Journal de Montréal

«Si vous voyez seulement un film cette année, allez voir *Les liaisons mystérieuses* - un film à ne pas manquer!»
- Le Monde du cinéma

Cinécentre du lundi au jeudi: 19 h et 21 h 30 / vendredi, samedi, dimanche: 15 h, 18 h 50, 21 h
Cinéma 2000 tous les jours: 14 h, 17 h 50, 20 h 30

Compréhension

En groupes de deux, lisez l'annonce publicitaire du film *Les liaisons mystérieuses.*

Donnez les détails suivants:
a) le titre du film
b) le genre du film
c) l'actrice principale
d) deux détails sur l'actrice
e) l'acteur principal
f) deux détails sur l'acteur
g) les cinémas et les heures de présentation du film

Application

Donnez les mêmes détails pour un film que vous voulez voir.

Expansion

1. Nommez vos vedettes préférées. Donnez deux détails sur votre actrice ou acteur préféré.

2. Nommez trois films à ne pas manquer que vous avez vus récemment.
   - un film d'aventures
   - un film d'amour
   - un film de science-fiction
     etc.

Jeunesse Mag

(B) ach et Bottine est un film canadien bien connu produit par Rock Demers. L'histoire gravite autour de Fanny, une jeune fille enthousiaste et pleine de vie. Elle habite avec sa mouffette, Bottine, et son oncle Jean-Claude, un passionné de Bach.

Produit par ROCK DEMERS
Réalisé par ANDRÉ MELANÇON
Scénario de BERNADETTE RENAUD et ANDRÉ MELANÇON
Directeur de la photographie GUY DUFAUX
Musique de PIERIK HOUDY et MICHEL RIVARD
Montage de ANDRÉ CORRIVEAU
Avec MAHÉE PAIEMENT, RAYMOND LEGAULT, ANDRÉE PELLETIER, HARRY MARCIANO

Un film produit par Rock Demers et réalisé par André Melançon (La Guerre des Tuques) avec Mahée Paiement (émission Pop Corn à Quatre Saisons). Le succès cinématographique de l'année ($1.5 millions au Box-Office du Québec). C'est le 3ème Conte pour Tous suivant «La guerre des Tuques» et «Opération Beurre de Pinottes».

CODÉE POUR LES MALENTENDANTS

Durée: 95 minutes
Couleur
©MCMLXXXVI Les Productions La Fête
Tous droits réservés.

MISE EN GARDE: Le propriétaire des droits du film, reproduit dans cette vidéo cassette, autorise l'utilisation de celle-ci pour un usage privé et non commercial. Tout échange commercial, copie, reproduction partielle ou complète et projection publique sont strictement interdits, sans l'autorisation écrite du producteur.

Imprimé au Canada

Manufacturé et distribué exclusivement au Canada français par CINEMA PLUS INTERNATIONAL Inc., 2330 est, rue Sherbrooke, Montréal, Québec. H2K 1E5

ROCK DEMERS présente CONTES POUR TOUS n° 3

un film de
ANDRÉ MELANÇON

Compréhension

En groupes, regardez la publicité du film à la page précédente. Associez les éléments des deux colonnes.

1. un autre film d'André Melançon

2. preuve du succès du film

3. une actrice

4. un acteur

5. un code spécial

6. un compositeur célèbre dans le titre du film

7. la durée du film

8. le producteur du film

a) Mahée Paiement

b) Rock Demers

c) *La Guerre des tuques*

d) 95 minutes

e) Raymond Legault

f) Bach

g) 1,5 millions de dollars en recette au Québec

h) pour les malentendants

Expansion

Faites une affiche sur un film de votre choix.

N'OUBLIEZ PAS...

▶ le titre du film

▶ le genre du film

▶ les acteurs et les actrices principaux

▶ quelques détails intéressants sur les personnages et l'histoire du film

▶ des extraits de critiques

▶ les cinémas et les heures de présentation

▶ une illustration

Bach et Bottine
Extraits de presse

«Le point le plus important du film est, sans aucun doute, le cheminement qu'adoptent adultes et enfants dans leur relation personnelle. Les frictions, les frustrations, et les joies ont un écho de vérité.»

Mary Alemany-Galway
CINÉMA CANADA

«La force du film, c'est le jeu des comédiens. André Melançon a réussi une petite merveille qui oscille constamment entre l'humour, la tendresse et l'émotion.»

Marie-France Martineau
24 IMAGES

«Quel beau film! [...] Un film rempli de belles choses, admirablement bien fait avec des scènes plus drôles les unes que les autres. On s'amuse beaucoup et on peut même verser quelques larmes. [...] Bref, BACH ET BOTTINE va marquer le cinéma québécois. [...] L'un des meilleurs films de l'année, sans aucun doute.»

Claude Robert
JOURNAL DE QUÉBEC

À la première !

Lucie et son ami Marcel ont gagné des billets à la radio pour la grande première du film *Les liaisons mystérieuses.* Les voici au Cinéma 2000, le soir de la représentation.

LUCIE: Regarde, Marcel! C'est Paul Ramirez.

MARCEL: Arrête de t'énerver! C'est juste un acteur.

LUCIE: Quoi? Mais tu ne connais rien! Il est sensass et très charmant.

MARCEL: Mais voyons donc! Ça suffit!

1 Tu es avec un ami ou une amie et tu vois ta vedette préférée. En groupes de deux, créez une conversation originale.

2 Présentez votre conversation à un autre groupe.

N'OUBLIEZ PAS...

▶ Où êtes-vous?
▶ Qui voyez-vous?

▶ Comment est-il/elle?
  etc.

POUR DÉCRIRE

beau/belle	formidable
charmant/charmante	magnifique
épatant/épatante	sensass
fascinant/fascinante	*etc.*

À l'affiche!

Réjean et Hélène cherchent quelque chose à faire. Ils regardent la section *Arts et spectacles* du journal.

RÉJEAN: Hé! on joue *Le fantôme 2* au Cinéma Ste-Foy! On y va?

HÉLÈNE: Toi, tu veux toujours voir des films d'épouvante.

RÉJEAN: Pas toujours. J'aime aussi voir des films d'espionnage comme *Une vie de service,* par exemple.

HÉLÈNE: Vraiment? Ça me surprend!

une comédie
un film d'espionnage
une comédie musicale
un film de guerre
un film d'amour
un film de science-fiction
un film d'aventures
un film policier
un film d'épouvante
un western

1 En groupes de deux,
discutez des films
illustrés.

▶ les titres des films
▶ les cinémas où on
présente les films
▶ les genres des films
▶ une description des
films
etc.

2 Pensez à un film que
vous avez beaucoup aimé.
Composez un dialogue
original au sujet de ce film.
Présentez votre dialogue
à un autre groupe.

15

Une affaire d'opinion

ANDRÉ: Qu'est-ce que vous avez fait la fin de semaine passée?

JACQUELINE: Samedi soir, Diane et moi, on a vu *Les liaisons mystérieuses* au Cinécentre.

ANDRÉ: Ah! oui? Qu'est-ce que vous avez pensé du film?

DIANE: C'était excellent! Paul Ramirez! Voilà un vrai acteur!

JACQUELINE: Je suis tout à fait d'accord! Il n'a même pas besoin de parler! Il est si beau et si sensible!

DIANE: Et quels yeux fascinants!

CHARLES: Voyons, les filles! Je ne partage pas votre opinion. Moi aussi, j'ai vu le film et c'est Claire Gallant que j'admire. Elle a très bien interprété son rôle.

DIANE: Comment, interprété son rôle? Elle est chanteuse et elle a joué le rôle d'une chanteuse. Ce n'est pas très difficile, ça!

ANDRÉ: Oui, mais au moins, elle a fait quelque chose. Paul Ramirez, lui, n'a rien fait. Il a jeté des regards passionnés à Claire. C'est tout!

CHARLES: Tu as raison, André. N'importe qui peut faire ça.

DIANE: Pensez-vous que le film va gagner des prix Génie?

CHARLES: Oui, absolument! Claire Gallant mérite le prix pour la meilleure actrice.

ANDRÉ: Je suis parfaitement d'accord. Et, en plus, je pense que *Les liaisons mystérieuses* va gagner le prix pour le meilleur film de l'année.

JACQUELINE: Meilleur film? Peut-être. Meilleur acteur? Je l'espère! Meilleure actrice? Impossible!

DIANE: C'est peine perdue!* On ne va jamais être d'accord.

* expression idiomatique

Compréhension

En groupes, complétez les phrases suivantes.

1. Charles pense que Claire Gallant:
   a) est une bonne actrice
   b) a mal joué son rôle
   c) est amoureuse de Paul Ramirez

2. Selon Diane, Paul Ramirez:
   a) a ruiné le film
   b) est un acteur extraordinaire
   c) est amoureux de Claire Gallant

3. André dit que Paul Ramirez:
   a) n'a rien fait
   b) a bien joué son rôle
   c) est un bon acteur

4. Selon Jacqueline, Ramirez n'a pas besoin de parler parce qu'il:
   a) a un regard fascinant
   b) a les yeux fascinants
   c) est sensible

5. Jacqueline pense que *Les liaisons mystérieuses* ne mérite pas le prix Génie pour:
   a) le meilleur film
   b) la meilleure actrice
   c) le meilleur acteur

Application

Choisissez un film que vous avez beaucoup aimé. Complétez les idées suivantes.

1. Le titre du film est ~~~~~~

2. C'est un(e) ~~~~~~ (genre de film)

3. ~~~~~~, voilà un vrai acteur!
   Il ~~~~~~

4. ~~~~~~, voilà une vraie actrice!
   Elle ~~~~~~

5. ~~~~~~ mérite de gagner un prix pour ~~~~~~

Expansion

Interviewe ton ou ta partenaire au sujet d'un film qu'il ou elle a vu. Présentez votre entrevue.

Parler p·o·u·r Communiquer

À mon avis...

C'est lundi midi. À la cafétéria, deux amis parlent de ce qu'ils ont fait la fin de semaine passée.

ANDRÉ: J'ai vu le film *Les trois bouffons* samedi soir. Pierre Guillot a joué son rôle à la perfection.

CHARLES: Je ne suis pas d'accord. J'ai vu le film, mais je pense qu'il n'a pas joué de façon naturelle.

En groupes de deux ou trois, choisissez un sujet où il y a un conflit d'opinions.

Exemples:

Il y a trop de violence dans les films.
Les jeunes d'aujourd'hui regardent trop la télévision.

Dites si vous êtes d'accord ou non. Expliquez pourquoi.

POUR EXPRIMER UN ACCORD

Je suis d'accord.
Je suis de cet avis.
Je partage ton opinion.

POUR EXPRIMER UN DÉSACCORD

Je ne suis pas d'accord.
Je ne suis pas de cet avis.
Je ne partage pas ton opinion.

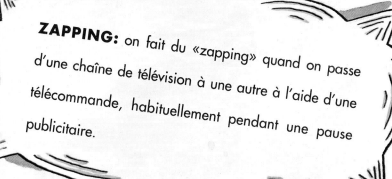

ZAPPING: on fait du «zapping» quand on passe d'une chaîne de télévision à une autre à l'aide d'une télécommande, habituellement pendant une pause publicitaire.

Regardez dans le télé-horaire !

VENDREDI

14 mai

19 h

② ⑩ ㉓ Retour au passé
Jeu télévisé où le présent, le passé et le futur se confondent.

⑦ ⑰ ㉘ Cinécritique
Critique de cinéma. Jean-François et Geneviève parlent du film *Les liaisons mystérieuses*.

⑥ Jeune-Pop
Des vidéoclips de musique reggae.

⑤ ⑪ Actualités
Documentaire sur la vie moderne. Sujet: Les jeunes et le monde de la drogue.

⑧ ㉖ En vedette
Une émission de variétés avec l'animateur Sébastien Leclerc. De jeunes vedettes sont invitées à présenter un numéro: chanson, danse, pièce instrumentale, monologue.

㉒ Manie par terre
Émission sportive en provenance de Los Angeles. Ce soir, présentation des champions de la lutte: André le Géant contre l'Animal et les frères Boom-Bombe contre Louis Lefort et Muscle Max.

④ ㉑ Concours Génies de demain
Jeu-questionnaire pour les élèves des écoles secondaires. Ce soir, l'école Fauteux de Sainte-Agathe rencontre l'école Chambord de Rivière-du-Loup.

⑨ ⑭ Les Saint-Simon
Dessin animé. Les aventures de la famille Saint-Simon. Omar, le père, sa femme Marguerite et ses trois enfants, Bartolomé, Lise et Maggie.

㉕ Géographie mondiale
Documentaire sur les gorilles d'Afrique.

⑮ ㉚ Les Beaux et les braves
Téléroman. Ce soir, André révèle qu'il a perdu beaucoup d'argent dans ses investissements. Joanne, sa femme, part en vacances sans lui.

③ ⑫ Salut, la bande!
Comédie de situation. La bande organise une chasse au trésor.

Compréhension

En groupes de deux, regardez le télé-horaire et identifiez la catégorie de chaque émission. Utilisez les expressions de la liste ci-dessous.

Application

1 C'est samedi soir. Vous êtes à la maison avec des amis et vous voulez regarder la télé. Créez un télé-horaire pour la soirée avec vos amis. Illustrez votre horaire si vous voulez.

2 Présentez votre télé-horaire.

Expansion

1 Quelles sont les émissions que vous regardez qui ressemblent aux émissions à la page précédente?

2 Dressez une liste de cinq de vos émissions préférées. N'oubliez pas d'inclure:
- le genre d'émission
- les vedettes
- une description

3 Comparez votre liste à celle d'un autre groupe. Déterminez les trois émissions les plus populaires de la classe.

POUR VOUS AIDER

un bulletin de nouvelles

une comédie de situation

un dessin animé

un documentaire

une émission de critique de cinéma

une émission de variétés

une émission de vidéoclips

une émission sportive

un jeu télévisé/ un jeu-questionnaire

la météo

un téléroman

La télé vue par les jeunes

PAR ISABELLE LAFLAMME

Adapté de *Vidéo-Presse*, janvier 1991

Les Québécois regardent la télévision en moyenne près de 24 heures par semaine. C'est presque une journée complète passée devant le petit écran. **A**fin d'en apprendre davantage sur les jeunes et leurs habitudes d'écoute, leurs émissions de télévision préférées et leurs goûts, on a consulté des élèves.

tes préférences

«L'auteur d'un téléroman s'inspire de la vraie vie, mais il déforme la réalité, il rend ça plus beau.» *Stéphanie*

«J'ai souvent des conflits avec mon père à cause des matchs de hockey.» *Isabelle*

«J'aime m'informer, mais c'est toujours des mauvaises nouvelles, c'est déprimant.»

Isabelle

La violence à la télé

«Je n'aime pas les émissions de guerre parce que ça incite à la violence.» *Pascal P.*

«La télé a une mauvaise influence sur mon frère, elle le rend violent.» *Nathalie*

LA TÉLÉ PREND-ELLE TROP DE PLACE?

«La télé occupe trop de place dans ma vie; je reste assise pendant des heures devant la télé à regarder des vidéoclips.» *Stéphanie*

«Chez moi, il n'y a pas de télé dans la cuisine parce que ma mère veut qu'on se parle, qu'on se raconte notre journée.» *Pascale L.*

Compréhension et application

....

Lis l'article *La télé vue par les jeunes.* Réponds aux questions suivantes.

1 Les Québécois regardent la télévision:
  a) quatre-vingts heures par semaine.
  b) vingt-quatre heures par semaine.
  c) quarante heures par semaine.

2 Trouve deux opinions dans l'article avec lesquelles tu es d'accord.

3 Trouve deux opinions avec lesquelles tu n'es pas d'accord.

Expansion

....

1 Combien d'heures par semaine regardes-tu la télé?

À ton avis, est-ce trop? Est-ce trop, selon tes parents?

2 Quels genres d'émissions préfères-tu?

Indique le nombre de fois par semaine que tu regardes ces émissions.

- bulletin de nouvelles
- comédie de situation
- dessin animé
- documentaire
- émission de critique de cinéma

- émission de vidéoclips
- émission sportive
- jeu télévisé/jeu-questionnaire
- téléroman

Soirée des prix Gémeaux

C'est la soirée de la remise des prix Gémeaux. Pascal et Brigitte sont en train de regarder l'émission.

L'ANIMATEUR: L'enveloppe, s'il vous plaît... Et cette année, le meilleur acteur est Claude Lalonde pour son rôle dans le téléroman, *Les Beaux et les braves*.

CLAUDE LALONDE: Quelle surprise! Euh... je veux remercier ma femme pour son appui. Merci aussi à ma réalisatrice, Jeanne Dupré et à mon costumier, Rafaël Bellissima. C'est un grand honneur de recevoir ce prix. Merci à tous!

1 En groupes de quatre, choisissez des émissions que vous allez mettre en nomination dans quatre des catégories suivantes. Référez-vous à vos émissions de télévision préférées.

- meilleure actrice
- meilleur acteur
- meilleur téléroman
- meilleure comédie de situation
- meilleur jeu télévisé
- meilleure émission sportive

2 Chaque groupe prépare un bulletin de vote pour trouver les gagnants. Chaque membre du groupe doit voter.

3 Les groupes de quatre se divisent en deux et chaque sous-groupe choisit deux catégories d'émissions.

Une personne annonce le gagnant ou la gagnante de chaque catégorie et l'autre prépare un bref discours de remerciement.

Présentez les gagnants au groupe ou à la classe.

POUR REMERCIER

C'est un grand honneur de recevoir ce prix.

Je suis très honoré(e).

Je suis très touché(e) de votre confiance.

Vous m'avez fait un grand honneur.

Merci à tous.

Mille fois merci.

Merci beaucoup.

Je vous remercie infiniment.

etc.

POUR EXPRIMER UNE SURPRISE

Quelle surprise!

C'est incroyable!

Comme ça m'étonne!

Ça me surprend!

etc.

Québec, Le Soleil, mercredi 21

«Jésus de Montréal» remporte les grands honneurs

TORONTO — À 21 h hier, le film *Jésus de Montréal* avait déjà cueilli cinq Génies au gala de l'Académie canadienne du cinéma et de la télévision.

par Claude Daigneault
de la Presse canadienne

Il s'agissait de ceux du meilleur montage du son, du meilleur acteur de soutien, du meilleur montage, de la meilleure musique originale et de la meilleure direction artistique.

Prime à la qualité
En méritant le trophée du meilleur film, la maison de production s'assure par le fait même la prime de 200 000 $ que Téléfilm Canada a décidé d'accorder pour la première fois cette année.

Le cinéma québécois des années 1980
Au cours de la dernière décennie, d'autres films québécois francophones ont moissonné un nombre assez impressionnant de trophées lors du gala annuel de l'Académie canadienne du cinéma et de la télévision.

Le film *Les bons débarras* de Francis Mankiewicz avait connu aussi son heure de gloire en 1981 avec huit Génies, dont ceux du meilleur film et de la meilleure réalisation.

Les Plouffe de Gilles Carle en méritèrent sept en 1982, tandis que son *Maria Chapdelaine* en obtenait quatre l'année suivante.

Le Devoir, jeudi 22 mars

Un succès d'équipe, dit Denys Arcand

TORONTO — «Je suis très heureux. C'est très agréable. Moi, j'ai déjà gagné des prix et je vais en gagner d'autres si le Ciel le permet. Mais je suis surtout heureux pour mon équipe: que des gens comme le décorateur, le musicien ou la responsable des costumes en gagnent avec les acteurs, c'est merveilleux. C'est ensemble qu'on a fait ce film et c'est ensemble qu'on a gagné.»

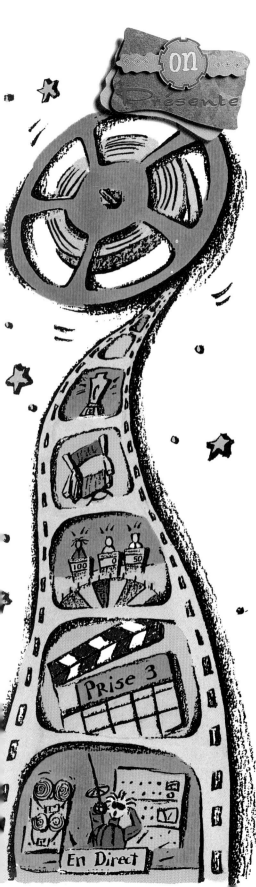

En groupes de deux ou trois, choisissez une des situations suivantes et créez une saynète originale.

Répétez et présentez votre saynète.

Saynète A: La soirée des prix Génie

▼▼▼▼▼▼▼▼▼▼▼▼▼▼▼▼▼▼▼▼▼▼▼▼▼▼

Rôles
- un animateur/une animatrice
- un acteur/une actrice
- un réalisateur/une réalisatrice
- un producteur/une productrice
- une vedette de votre choix
  etc.

Situations
- le discours de bienvenue
- l'annonce de la catégorie
- l'annonce du gagnant ou de la gagnante
- le discours de remerciement
  etc.

Saynète B: Une émission à la télé

▼▼▼▼▼▼▼▼▼▼▼▼▼▼▼▼▼▼▼▼▼▼▼▼▼▼

Rôles
- un annonceur/une annonceure
- un/une journaliste

- des membres d'une famille
- des élèves et leur(s) prof(s)
- des collègues de travail

- l'animateur/l'animatrice
- les participants

- un annonceur/une annonceure
- un vendeur/une vendeuse
- des acteurs/actrices
  etc.

Situations
- les nouvelles

- une comédie de situation

- un jeu télévisé

- une annonce publicitaire

  etc.

Une critique

Tu es journaliste pour le journal de ton école. Tu dois écrire une critique de film ou d'émission de télévision.

1 Écris les réponses aux questions suivantes.

a) Quel est le titre du film/de l'émission?
b) Quel genre de film/d'émission est-ce?
c) Qui est l'acteur principal? Comment est-il?
d) Qui est l'actrice principale? Comment est-elle?
e) Est-ce que l'acteur principal a bien joué son rôle?
f) Est-ce que l'actrice principale a bien joué son rôle?
g) Est-ce que tu as aimé le film/l'émission?
h) Pourquoi? Pourquoi pas?
i) Est-ce que le film/l'émission mérite de gagner un prix? Quel prix? Pourquoi?

2 Écris ta critique. Utilise tes réponses aux questions ci-dessus.

Une lettre

Tu veux écrire une lettre à une vedette que tu admires beaucoup.

1 Pour t'aider, tu peux compléter les phrases suivantes.

a) Je vous ai toujours admiré(e) parce que ~~~~~~

b) J'ai surtout aimé ~~~~~~

c) J'ai assisté / J'ai vu ~~~~~~

d) J'ai acheté ~~~~~~

e) Mais, pourquoi avez-vous ~~~~~~ ?

f) Quand avez-vous ~~~~~~ ?

g) Comment avez-vous ~~~~~~ ?

h) Avez-vous ~~~~~~ ?

2 Écris la lettre à ta vedette préférée. Utilise les phrases ci-dessus que tu as complétées.

31

En vogue cette semaine!

Voici une liste des films les plus populaires et de leurs vedettes principales par ordre fictif.

Films

1. *Bach et Bottine*
2. *Kamouraska*
3. *Le Crime d'Ovide Plouffe*
4. *Maria Chapdelaine*
5. *La Guerre des tuques*
6. *Mario*
7. *Mon oncle Antoine*
8. *La Grenouille et la baleine*
9. *Le Matou*
10. *Bonheur d'occasion*

Vedettes

Mahée Paiement
Geneviève Bujold
Gabriel Arcand
Carole Laure
Cédric Jourde
Xavier Norman Petermann
Jean Duceppe
Marina Orsini
Serge Dupire
Mireille Deyglun

Lis les changements suivants et reconstruis la liste.

a) *Mon oncle Antoine* monte en première place.
b) *Bach et Bottine* descend de quatre places.
c) *Le Crime d'Ovide Plouffe* reste à la même position.
d) *Le Matou* est entre *Mon oncle Antoine* et *Le Crime d'Ovide Plouffe*.
e) *La Grenouille et la baleine* monte d'une place.
f) *Bonheur d'occasion* monte de deux places.
g) *Kamouraska* est entre *Bach et Bottine* et *Le Crime d'Ovide Plouffe*.
h) *Mario* descend en dixième position.
i) *Maria Chapdelaine* est entre *Bonheur d'occasion* et *Mario*.
j) *La Guerre des tuques* est en sixième place.

En format tabloïd

La première page d'un journal en format tabloïd présente habituellement des titres avec une ou plusieurs manchettes accompagnées de photos pertinentes à l'événement.

Choisissez quatre des manchettes ci-dessous et créez une page de format tabloïd. Inventez un titre pour votre journal, puis inscrivez et illustrez les manchettes.

1 Concert rock interdit — les organisateurs protestent!

2 La villa de Rafaël Bellissima attaquée par une colonie de mouches noires!

3 Panique dans un studio — un gorille est entré sur le plateau!

4 Un bébé abandonné dans la loge de Janette Jacques!

5 Claire Gallant et Paul Ramirez — soeur et frère enfin réunis!

6 Le milliardaire Henri Lavoie veut acheter la Martinique — un nouveau club pour les privilégiés!

1 **Pour exprimer une action au passé, on dit:**

J'ai regardé l'émission *Cinécritique* à la télé.

Tu as manqué le meilleur concert de Claire Gallant.

Il/Elle/On a perdu les billets pour le cinéma.

Nous avons choisi un excellent film vidéo de Paul Ramirez.

Vous avez parlé au téléphone pendant deux heures.

Ils/Elles ont fait du ski au Québec l'année dernière.

2 **Pour poser une question au passé, on dit:**

A-t-il assisté au concert l'année passée?

Avez-vous vu tous les films de Claire Gallant?

3 **Pour exprimer une action passée au négatif, on dit:**

Je n'ai pas entendu la dernière chanson de Claire Gallant.

Nous n'avons pas fait nos devoirs de maths.

4 **Pour préciser une action au passé, on dit:**

Claire Gallant a vraiment interprété son rôle à la perfection.

Ils ont toujours admiré les films de Paul Ramirez.

5 **Pour exprimer l'accord, on dit:**

Je suis d'accord. C'est un film à ne pas manquer!

Il partage mon opinion. L'acteur principal a bien joué son rôle.

Nous sommes aussi de cet avis. Le nouveau téléroman est excellent.

6 **Pour exprimer le désaccord, on dit:**

Je ne suis pas de cet avis. Les dessins animés sont trop enfantins.

L'actrice a bien mérité un prix Génie pour ce rôle. Tu n'es pas d'accord?

Nous ne partageons pas cette opinion. Il y a trop de violence dans ce film.

7 **Pour remercier quelqu'un, on dit:**

C'est un grand honneur de recevoir ce prix. Merci à tous.

C'est bien gentil de votre part. Je vous remercie infiniment.

C'était une soirée fantastique! Mille fois merci.

8 **Pour exprimer une surprise, on dit:**

Quelle surprise!

C'est incroyable!

Comme ça m'étonne!

Mots UTILES

Description

connu / connue
fictif / fictive
inoubliable
meilleur / meilleure
mystérieux / mystérieuse
réuni / réunie
sensible

Identification

acteur (m) / actrice (f)
animateur (m) / animatrice (f)
annonce publicitaire (f)
chanteur (m) / chanteuse (f)
critique (f)
écran (m)
émission (f)
gagnant (m) / gagnante (f)
journal (m)
lutte (f)
passionné (m) / passionnée (f)
personnage (m)
première (f)
producteur (m) / productrice (f)
réalisateur (m) / réalisatrice (f)
regard (m)
soirée (f)
télé-horaire (m)
vedette (f)

Action

gagner
interpréter
jeter
jouer
manquer
mériter
partager
remercier

choisir
finir
grandir
réussir

attendre
perdre
répondre
vendre

Expressions

comédie (f)
comédie musicale (f)
film (m) d'amour
film (m) d'aventures
film (m) d'épouvante
film (m) d'espionnage
film (m) de guerre
film (m) de science-fiction
film (m) policier
western (m)

bulletin (m) de nouvelles
comédie (f) de situation
dessin animé (m)
documentaire (m)
émission (f) de critique de cinéma
émission (f) de variétés
émission (f) de vidéoclips
émission (f) sportive
jeu télévisé / jeu-questionnaire (m)
météo (f)
téléroman (m)

Arrête de t'énerver!
Ça suffit!
C'est peine perdue!

faire preuve de

Amitiés

. . . .

Dans cette unité, tu vas pouvoir:

▼

discuter de tes amitiés et de tes sorties

▼

parler d'un échange culturel

▼

nommer les provinces et territoires
du Canada et les situer
sur une carte

▼

inviter quelqu'un

▼

accepter ou refuser une invitation

▼

exprimer l'incertitude

▼

présenter quelqu'un

Danse d'accueil

à l'école Emily Carr

mardi,
le 15 octobre
19 h 30

PRIX
de présence!

Billets en vente à la
cafétéria de midi à 13 h

3 $

MUSIQUE PAR LES BÛCHERONS

Prix
de
Présence

Venez souhaiter la
bienvenue aux élèves
du programme d'échange!

Présentée par le Cercle français

Chacun son goût

À l'école Emily Carr de Vancouver, les membres du Cercle français organisent une danse pour accueillir les élèves du programme d'échange. Ils se rencontrent une semaine avant la danse pour une dernière réunion. Après la réunion, les élèves continuent à discuter.

SONIA: La musique, la publicité, la vente des billets — tout est organisé! J'espère que nos nouveaux amis aiment danser!

PAULETTE: Oui, mais on a toujours des problèmes dans cette école! Les garçons restent toujours ensemble et ils ne dansent pas assez.

DANIEL: Ce n'est pas vrai! Moi, je danse tellement que j'en ai mal aux pieds.

NICOLAS: Mais, Daniel, c'est parce que tu viens avec ta petite amie, Suzanne, et elle adore danser. Moi, je n'ai pas d'amie, alors, je viens à la danse avec mes chums.* Et Sonia a raison. En général, on reste dans notre coin.

PAULETTE: Et toi, Sonia, tu fréquentes Éric. Vous allez à la danse ensemble, vous dansez ensemble et puis, vous partez ensemble. Quand on est seule, c'est difficile de trouver le courage de demander à quelqu'un de danser. D'habitude, je ne suis pas timide, mais à une danse, je tremble dans mes culottes.*

SONIA: Eh bien, qu'est-ce qu'on peut faire? Ce n'est pas vraiment une danse si la majorité ne danse pas.

DANIEL: Tu exagères, quand même! Il y a toujours beaucoup de personnes qui dansent. Mais si Paulette et Nicolas préfèrent écouter la musique et parler avec leurs copains, c'est leur affaire!

SONIA: J'ai une idée! Nicolas et Paulette, pourquoi est-ce que vous n'allez pas à la danse ensemble?

PAULETTE: Sonia, tu ne comprends pas! On n'a pas besoin de sortir avec quelqu'un pour s'amuser.

NICOLAS: C'est vrai. Je trouve que c'est plus amusant de sortir en gang.* Et puis, on peut toujours danser en groupe.

SONIA: D'accord. Chacun son goût! Je déclare cette réunion finie et j'invite le comité à manger une pizza — en groupe, bien sûr!

* expressions populaires

Compréhension

Complète chaque phrase par le nom de la personne appropriée.

1. ~~~~~~~~ aime danser.
2. ~~~~~~~~ fréquente Suzanne.
3. ~~~~~~~~ vient à la danse avec ses copains.
4. ~~~~~~~~ sort avec Éric.
5. ~~~~~~~~ est timide à une danse.
6. ~~~~~~~~ et ~~~~~~~~ préfèrent sortir en groupe.

Application

1. En groupes de deux, dressez une liste de tout ce qu'il faut planifier pour une danse à votre école.

2. Comparez votre liste à celle d'un autre groupe.

Expansion

Tu fais partie du club social de ton école. Prépare une affiche pour annoncer une danse.

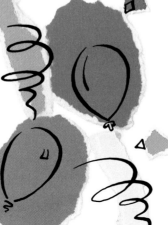

N'OUBLIE PAS...

- ▶ le thème de la danse
- ▶ la date
- ▶ l'heure
- ▶ le prix des billets
- ▶ le lieu
- ▶ le genre de musique
- ▶ le nom du disc-jockey ou du groupe de musiciens

  etc.

Chers amis

Dans la pizzeria, la discussion sur l'amitié continue. Nicolas parle de ses meilleurs amis.

«Mes deux meilleurs amis sont Réjean et Lise. On sort souvent ensemble. On va voir des matchs de hockey presque tous les vendredis soirs.»

1 Que dit chaque personne au sujet de ses amis? En groupes de deux, composez un dialogue en suivant le modèle ci-dessus.
   a) Paulette parle de ses amis, Marie-Josée, Marthe et Sylvain.
   b) Daniel parle de sa petite amie, Suzanne.

POUR PARLER DE VOS SORTIES

lieux	jours
cinéma	samedi (dimanche, etc.)
match de hockey (base-ball, etc.)	le vendredi (le samedi, etc.)
parc d'attractions	une (deux, etc.) fois par mois
parc	toutes les fins de semaine
centre commercial	presque tous les vendredis
restaurant	(les samedis, etc.)
etc.	*etc.*

2 Créez une conversation originale au sujet de vos amis. Parlez de vos sorties.

N'OUBLIEZ PAS...

▶ Qui sont vos amis?
▶ Où allez-vous?
▶ Quand sortez-vous?
▶ Pourquoi sortez-vous?
   etc.

Qui sort avec qui?

1 En groupes, organisez les renseignements ci-dessous dans un tableau pour déterminer:
   - Qui sort avec qui?
   - Sort-on en groupe, en couple ou tout(e) seul(e)?
   - Où va-t-on?
   - Quand y va-t-on?

noms	en groupe/en couple/tout(e) seul(e)	où?	quand?
Nicolas		au match de base-ball	samedi

a) Nicolas va au match de base-ball samedi.

b) Sonia sort avec son petit ami dimanche soir.

c) Claudia va au centre commercial samedi matin.

d) Nicolas rencontre ses amis au match de base-ball.

e) Daniel aime fréquenter la salle de jeux électroniques.

f) Sonia va rencontrer son petit ami, Éric, devant le cinéma.

g) Tous les amis de Claudia travaillent. Ils ne peuvent donc pas aller au centre commercial.

h) D'habitude, Daniel va à la salle de jeux électroniques tous les lundis soirs.

i) Miguel assiste au match de hockey mercredi soir.

j) Daniel rencontre toujours ses amis à la salle de jeux électroniques.

k) Les amis de Miguel ne vont pas au match de hockey.

2 Dresse une liste de tes amis et des membres de ta famille.
   - Est-ce qu'ils sortent en groupe, en couple ou seuls?
   - Où vont-ils d'habitude?
   - Quand sortent-ils?

Compare ta liste à celle d'un ami ou d'une amie.

Bulletin du Cercle français
L'école Emily Carr souhaite la bienvenue à tous!

CALENDRIER DES ÉVÉNEMENTS ORGANISÉS PAR LE CERCLE FRANÇAIS

mardi 15 octobre

19 h	Discours de bienvenue aux élèves du programme d'échange
19 h 30	Danse avec Les Bûcherons (auditorium)
	Billets: 3 $

mercredi 16 octobre

9 h 30	Départ de l'école
de 10 h à 16 h	On explore Vancouver!
19 h	Le Cercle français présente: • danses folkloriques • musique • chansons (auditorium)
	Billets: 4 $, adultes 2 $, élèves

jeudi 17 octobre

9 h 30	Départ pour la base de plein air
de 10 h 30 à 18 h	Activités: • chasse au trésor • courses de sac • tir au poignet • excursion en forêt
18 h	Barbecue
19 h	Promenade en chariot
20 h	Feu de camp
22 h	Retour à l'école

Participez à nos activités!

Une occasion unique de rencontrer des jeunes qui viennent de partout au Canada!!!

vendredi 18 octobre

17 h	Souper canadien Au menu: • soupe aux pois • salade du Pacifique (spécialité régionale) • tourtière • ragoût de boulettes • crêpes • tarte au sucre (cafétéria)
19 h	Café chantant Spectacle: Joie de vivre • gigues • danses • cuillères • histoires, etc. (auditorium)
21 h	Prix de présence Au revoir!

Billets:
6 $, adultes
3 $, élèves
(repas compris)

Macaron-Passeport – 10 $

ou billets pour activités

en vente à la cafétéria de midi à 13 h

Compréhension

1 En groupes de deux, trouvez la date, l'heure et l'endroit des activités suivantes.

a) Danse avec Les Bûcherons
b) On explore Vancouver!
c) Le Cercle français présente
d) Chasse au trésor
e) Promenade en chariot
f) Feu de camp
g) Souper canadien
h) Café chantant

2 Complétez les phrases suivantes.

a) Le Cercle français présente 〜〜〜〜

b) Les activités qui vont se dérouler à la base de plein air sont 〜〜〜〜

c) Voici le menu du souper canadien: 〜〜〜〜

d) Au spectacle *Joie de vivre*, il y a 〜〜〜〜

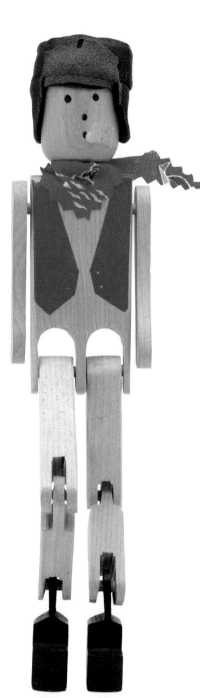

Expansion

1 Imaginez que vous êtes membres du Cercle français.

Organisez une visite de votre ville et des activités pour un groupe de visiteurs. Préparez un horaire pour deux jours.

2 Présentez votre horaire à un autre groupe.

N'OUBLIEZ PAS...

▶ la description ou le nom de l'événement
▶ la date
▶ l'heure
▶ l'endroit
▶ le prix
etc.

Une invitation inattendue

NICOLAS: Hé! j'ai des billets pour un match de ballon-panier ce soir. Tu veux venir avec moi?

MARIO: Oui, je veux bien!

. . . .

Tu veux inviter un ami ou une amie.

En groupes de deux, créez une conversation en vous servant des expressions ci-dessous et des endroits dans les photos.

POUR INVITER

J'ai des billets pour (...) ce soir. Tu veux venir avec moi?

Ça t'intéresse de venir à (...) avec moi ce soir?

Si tu es libre, veux-tu venir à (...) avec moi?

POUR ACCEPTER

Oui, je veux bien!
J'accepte avec plaisir!
D'accord!
Oui, ça va être amusant!
Oui, merci! J'ai hâte d'y aller.
C'est une bonne idée!

POUR REFUSER

Merci, mais je ne peux pas.

Jamais de la vie!

Je suis désolé(e), mais j'ai trop de travail.

Je regrette, mais je ne peux pas y aller.

Jamais dans cent ans!

Tu veux rire!

POUR EXPRIMER L'INCERTITUDE

Peut-être.

Je dois demander la permission.

Je ne sais pas.

Je dois consulter mes parents.

Venez célébrer!

Les élèves de l'école Garneau
ont l'honneur d'inviter

Monsieur Chartier

à une visite libre de leur école
le 23 octobre à 18 h.

R.S.V.P.

2 4 5 - 6 7 8 7

1 En groupes de deux, lisez les
invitations suivantes. Déterminez:
- le genre de fête
- le lieu
- l'heure et la date
- si c'est une invitation formelle
  ou informelle

SURPRISE-PARTIE

Pour qui?
Réjean Martin

Pourquoi?
son 15e anniversaire

Quand?
le 26 février

Où?
chez Nicolas Godin
1387, rue Corriveau

À quelle heure?
R.S.V.P. 20 h
920-1542

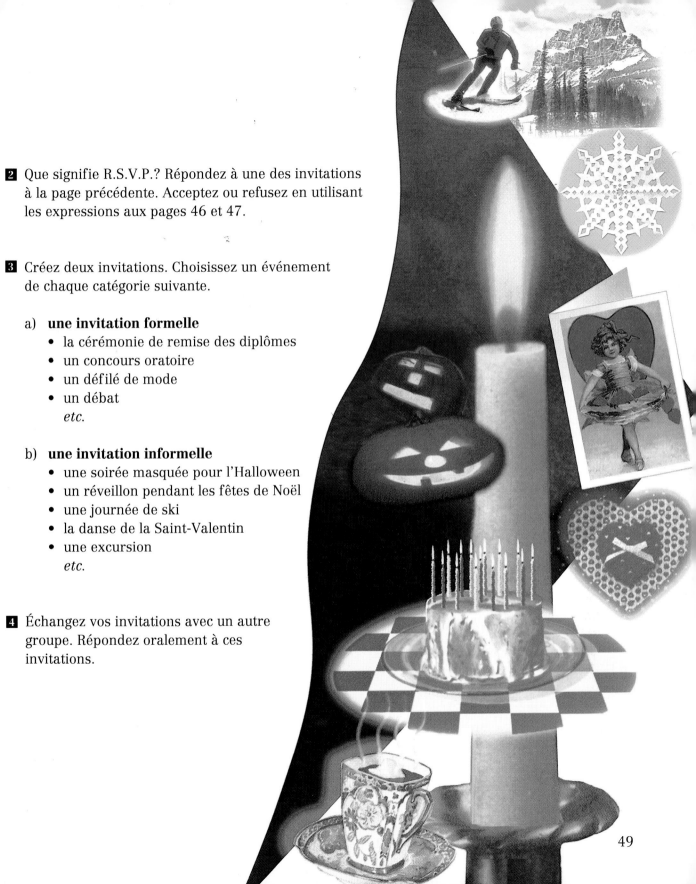

2 Que signifie R.S.V.P.? Répondez à une des invitations à la page précédente. Acceptez ou refusez en utilisant les expressions aux pages 46 et 47.

3 Créez deux invitations. Choisissez un événement de chaque catégorie suivante.

a) **une invitation formelle**
- la cérémonie de remise des diplômes
- un concours oratoire
- un défilé de mode
- un débat
  etc.

b) **une invitation informelle**
- une soirée masquée pour l'Halloween
- un réveillon pendant les fêtes de Noël
- une journée de ski
- la danse de la Saint-Valentin
- une excursion
  etc.

4 Échangez vos invitations avec un autre groupe. Répondez oralement à ces invitations.

Mots en Action

ÉCHANGE JEUNESSE

Sophie Gagnon
Sudbury, Ontario

J'adore

Vancouver! Cette visite a changé ma vie! Je suis tombée en amour avec Andrew. Il est beau à mourir.* Andrew, c'est le cousin de Jennifer, la fille chez qui j'habite. Nous sommes déjà sortis plusieurs fois, toujours avec un groupe de copains. On a des problèmes de communication parce qu'Andrew ne parle pas français, mais ce n'est pas grave.

Hier soir, l'équipe d'Andrew a joué au hockey et je suis allée regarder le match avec Jennifer. Après le match, Jennifer et moi avons attendu Andrew devant le centre sportif pendant vingt minutes. Et qu'est-ce qu'il a fait? Il est sorti avec les joueurs de son équipe! Les garçons sont les mêmes partout!

*expression idiomatique

Je suis parti de chez moi seulement mercredi dernier, mais j'ai déjà rencontré beaucoup de gens. Avec Angelo, le garçon chez qui j'habite, j'ai fait un tas de choses intéressantes. Hier, nous sommes montés en téléphérique au sommet du mont Whistler. Quelle vue magnifique! Hier soir, nous sommes allés au cinéma avec Cathy, Isabelle, Serge et Mark. La plupart des copains d'Angelo n'ont pas de petite amie, alors on sort en groupe. C'est très différent chez moi où tout le monde fréquente quelqu'un.

Mathieu Lapointe
Caraquet, Nouveau-Brunswick

Notre journaliste Jean-Paul Bernier a parlé avec des élèves du programme d'échange à l'école Emily Carr. Les visiteurs viennent de partout au Canada. Voici leurs premières impressions sur Vancouver et la vie des jeunes à Vancouver

Je suis né à Vancouver. Alors, avec cet échange, je suis revenu à ma ville natale. La ville est toujours superbe et mon nouveau copain, Mark, est très sympa. Heureusement, nous aimons le même genre d'activités. Par exemple, hier soir, nous sommes descendus en ville avec un groupe de gars. Nous sommes allés à une salle de jeux électroniques. On a dépensé une petite fortune! Après, nous sommes retournés chez Mark. On a commandé une pizza et on a regardé la télé. Exactement comme chez moi!

Isabelle Fontaine
Rimouski, Québec

Je suis arrivée jeudi soir. Vendredi, je suis allée à l'école de ma nouvelle copine, Cathy. Pour moi, la grande différence, c'est qu'il y a des garçons! Chez moi, je vais dans une école pour filles. À midi, à l'école de Cathy, les filles sont restées ensemble d'un côté de la cafétéria et les garçons, de l'autre. Et puis, après les cours, les filles sont rentrées chez elles avec leurs copines et les garçons sont partis de leur côté. Mais enfin, où est la différence?

Serge Racicot
Saint-Boniface, Manitoba

Compréhension

Complète les phrases par les noms des élèves appropriés.

1. ~~~~~~~ reste avec Jennifer.

2. ~~~~~~~ ne vient pas à Vancouver pour la première fois.

3. ~~~~~~~ va à une école où il n'y a pas de garçons.

4. ~~~~~~~ a mangé de la pizza.

5. ~~~~~~~ est tombée en amour.

6. ~~~~~~~ sont montés au sommet du mont Whistler.

7. ~~~~~~~ sont allés à une salle de jeux électroniques.

8. ~~~~~~~ est arrivée à Vancouver jeudi soir.

9. ~~~~~~~ a joué au hockey.

10. ~~~~~~~ a rencontré beaucoup de gens.

Application et expansion

1 En regardant la carte du Canada, identifie les provinces et les territoires en utilisant la liste à droite.

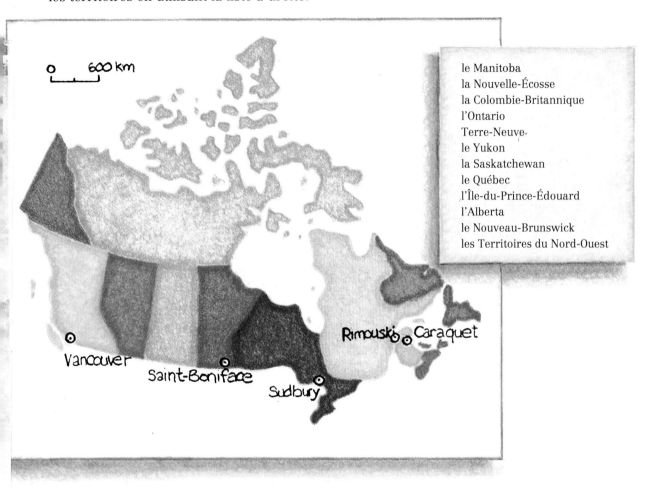

le Manitoba
la Nouvelle-Écosse
la Colombie-Britannique
l'Ontario
Terre-Neuve
le Yukon
la Saskatchewan
le Québec
l'Île-du-Prince-Édouard
l'Alberta
le Nouveau-Brunswick
les Territoires du Nord-Ouest

2 En groupes, organisez les renseignements suivants dans un tableau. Utilisez la carte du Canada ci-dessus.

	Ville de résidence	Province	Distance de Vancouver	Partenaire
Sophie Gagnon				
Mathieu Lapointe				
Serge Racicot				
Isabelle Fontaine				
Moi				

On s'entend bien !

Les élèves qui participent à un échange sont souvent jumelés avec des partenaires qui ont les mêmes intérêts.

1 En groupes de deux, choisissez les passe-temps qui correspondent le mieux à chaque partenaire selon les descriptions aux pages 50 et 51.

a) Qu'est-ce que Cathy, la partenaire d'Isabelle, aime faire?

- faire de la photo
- voyager
- magasiner*
- parler avec des amies
- sortir avec des copines
- manger à la cafétéria

b) Qu'est-ce que Jennifer, la partenaire de Sophie, aime faire?

- sortir en groupe
- regarder les matchs de hockey
- faire du ski alpin
- rester à la maison
- jouer au base-ball
- faire de la natation

c) Qu'est-ce que Mark, le partenaire de Serge, aime faire?

- jouer avec des jeux électroniques
- descendre en ville
- manger de la pizza
- aller au centre commercial
- travailler à temps partiel
- faire de l'équitation

d) Qu'est-ce qu'Angelo, le partenaire de Mathieu, aime faire?

- faire du canot
- sortir en couple
- aller au restaurant
- monter en téléphérique
- sortir en groupe
- aller au cinéma

* expression canadienne qui veut dire *faire des achats*

2 Expliquez pourquoi ces partenaires forment une bonne équipe.

3 Choisis un ou une élève dans la page précédente qui partage certains de tes intérêts. En groupes de deux, expliquez les raisons de votre choix.

4 Imaginez que votre partenaire de travail est nouvellement arrivé dans la classe. Présentez votre partenaire à un autre groupe de deux. Donnez deux détails intéressants sur votre partenaire.

POUR PRÉSENTER QUELQU'UN

Je te présente...

Voici mon...

Je veux te présenter...

Permets-moi de te présenter...

POUR RÉPONDRE

Salut! Bienvenue à...

Enchanté(e) de faire ta connaissance.

Ça me fait plaisir.

Ça me fait plaisir de te rencontrer.

Des sorties sensass!

Jean-Paul Bernier de *Jeunesse Mag* interviewe des jeunes au sujet de leurs sorties.

. . . .

JEAN-PAUL: Avec qui es-tu sorti la fin de semaine passée?
DAVID: Avec un groupe d'amis.
JEAN-PAUL: Et où est-ce que vous êtes allés?
DAVID: À une soirée.

1 En groupes de deux, créez une entrevue originale.

POUR VOUS AIDER

Avec qui?	aller
Quand?	partir
Où?	rentrer
Comment?	rester
Combien de temps?	sortir
etc.	*etc.*
vendredi	entre 16 h et 17 h
samedi	après 18 h
dimanche	*etc.*
etc.	
avec un ami/une amie	une heure
en groupe	moins de deux heures
avec un membre de ma famille	plus de quatre heures
etc.	*etc.*

2 Maintenant, lisez les plans de Valérie et Ingrid pour la fin de semaine passée. Qu'ont-elles fait?

En groupes, faites un rapport oral.

Exemple:

Vendredi, à 17 h, Valérie et Ingrid sont allées chez Thomas.

Jour	Heure	Activités
vendredi	17h	aller chez Thomas
	17 h 30	sortir avec des amis—Pizzeria Papa Pia
	19 h	partir pour le match de base-ball
	19 h 30	arriver au stade pour le match
	23 h	rentrer à la maison
Samedi	13 h	aller au centre commercial pour rencontrer des amis
	17 h	rentrer à la maison
	18 h 30	sortir avec Joanne et Anne
	19 h	aller au centre communautaire pour jouer au ballon-panier
	21 h	rentrer à la maison pour regarder la télé
	22 h	jouer à des jeux et faire du maïs soufflé

3 Préparez votre propre horaire pour une fin de semaine de sorties. Pour vous aider, vous pouvez suivre le modèle ci-dessus.

4 Maintenant, imaginez que vous avez déjà participé à cette fin de semaine. Expliquez à un autre groupe ou à la classe ce que vous avez fait.

Un échange bilingue:
Un passeport vers de nouvelles amitiés

SOCIÉTÉ ÉDUCATIVE DE VISITES ET D'ÉCHANGES AU CANADA

SEVEC

SEVEC répond à

vos questions

sur les échanges

bilingues

Qu'est-ce qu'un échange bilingue?
Une classe d'élèves anglophones part pour une destination franco-canadienne. Ils habitent chez des jeunes francophones pendant une semaine. Plus tard, les jeunes francophones vont passer une semaine «en anglais» chez leurs copains anglophones.

Quels sont les objectifs de l'échange?
L'échange offre aux élèves la chance de:
• parler leur seconde langue.
• découvrir l'histoire, la géographie et la culture de la région qu'ils visitent.
• développer leurs compétences sociales et leur indépendance.

Que font les élèves pendant leur visite?
Ils participent à une variété d'activités organisées. Ils visitent les endroits d'intérêt de la région. Ils participent à la vie familiale et sociale de leur partenaire.

Expansion

Préparez une annonce pour inviter une classe francophone à participer à un échange bilingue avec votre classe. L'annonce peut être pour la radio, la télévision, etc.

N'oubliez pas les éléments suivants:
- le nom de votre ville, village ou région
- des aspects intéressants de votre ville, village ou région (attractions touristiques, sites historiques, etc.)
- des détails sur votre classe (nombre de garçons et de filles, âge, activités préférées, etc.)
- des illustrations

59

En groupes de deux ou trois, choisissez une des situations suivantes et créez une saynète originale. Référez-vous au tableau *Pour vous aider*.

Répétez et présentez votre saynète.

POUR VOUS AIDER

Où?
Quand?
Comment?
Pourquoi?
Qui?
Avec qui?

Es-tu/Êtes-vous
Je suis/Nous sommes

Premièrement,
D'abord,
Puis,
Après,
Finalement,

aller
arriver
partir
rentrer
retourner
sortir
venir

Saynète A : Une entrevue

▼▼▼▼▼▼▼▼▼▼▼▼▼▼▼▼▼▼▼▼▼▼▼▼▼▼

Rôles
- un/une journaliste
- ton/ta partenaire
- un ami/une amie
- un/une prof
  etc.

Situations
- un échange bilingue
- un événement à l'école
- une sortie/des sorties
  etc.

Saynète B : Les activités

▼▼▼▼▼▼▼▼▼▼▼▼▼▼▼▼▼▼▼▼▼▼▼▼▼▼

Rôles
- toi
- tes amis
- ton/ta prof
- tes parents
  etc.

Situations
- les vacances
- la fin de semaine passée
- après l'école (hier)
- l'heure du dîner (hier)
  etc.

Saynète C : Une confrontation

▼▼▼▼▼▼▼▼▼▼▼▼▼▼▼▼▼▼▼▼▼▼▼▼▼▼

Rôles
- une fille
- un garçon
- une mère
- un père
  etc.

Situations
- le retour à la maison très tard
- le travail mal fait
- l'argent dépensé
  etc.

Un poème

Un cinquain est un poème de cinq lignes.
Compose un cinquain sur l'amitié ou sur un ami.

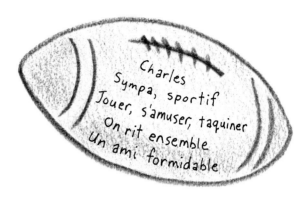

Charles
Sympa, sportif
Jouer, s'amuser, taquiner
On rit ensemble
Un ami formidable

L'amitié
Chaleureuse, constante
Aimer, partager, discuter
C'est important
Suzanne et moi

Une carte postale

Imagine que tu participes à un échange. Tu vas passer dix jours chez ton ou ta partenaire dans une ville que tu connais bien.

Tu veux écrire une carte postale à ta famille.

1 Écris tes réponses aux questions suivantes.
   a) Quand est-ce que tu es arrivé(e)?
   b) Chez qui restes-tu?
   c) Qu'est-ce que tu as fait la première fin de semaine de ta visite? (une activité)
   d) Qu'est-ce que tu as visité? (deux attractions touristiques)
   e) Quelles spécialités régionales est-ce que tu as mangées?
   f) Qu'est-ce que tu as acheté comme souvenir de ton échange?

2 Écris ta carte postale. Pour t'aider, tu peux utiliser tes réponses aux questions ci-dessus.

Au téléphone

Sonia téléphone à Daniel. Quelqu'un de sa famille répond.

1 Lisez toutes les possibilités suivantes de conversations téléphoniques.

A Allô!

B Bonjour. Je voudrais parler à Daniel, s'il vous plaît.

C Bonjour. Est-ce que je peux parler à Daniel, s'il vous plaît?

D Bonjour. Est-ce que Daniel est là?

E Je regrette, mais il n'est pas ici.

F Désolé(e), mais il n'est pas ici maintenant.

G Je suis désolé(e), mais il est sorti.

H C'est dommage. Pouvez-vous prendre un message?

I Dommage. Est-ce que je peux laisser un message?

J Bien sûr! C'est de la part de qui?

K Certainement. Qui est à l'appareil?

L Absolument. Qui parle?

M C'est Sonia. Voulez-vous lui dire que...

N Mon nom est Sonia. Pouvez-vous lui dire que...

O C'est son amie Sonia. Pouvez-vous lui dire que...

P Très bien, Sonia. Au revoir.

Q D'accord, Sonia. Bonjour.

R Au revoir.

S Bonjour.

2 Créez des conversations en déchiffrant les chaînes de lettres ci-dessous. Pour les lettres M, N et O, il faut composer un message.

- A C F I L M P R
- A B G H J O Q S
- A D E H K N P S
- A C E I J M Q R

3 Tu téléphones à ton ami ou amie. Quelqu'un de sa famille répond.
  • Que dis-tu?
  • Que dit-il ou elle?

4 Prépare un message à laisser à un répondeur.

Cartes de voeux

1 Lis les cartes illustrées. De quelles situations s'agit-il?

Fais un tableau en utilisant les catégories suivantes:
- un anniversaire
- une remise des diplômes
- un séjour à l'hôpital
- un remerciement

Sous chaque catégorie, écris les expressions qui se rapportent à l'occasion.

2 Maintenant, dessine une carte pour un ami ou une amie:

a) qui fête son 15e anniversaire
b) qui est malade
c) qui a eu un grand succès
d) que vous voulez remercier

Écris des messages dans chaque carte. Pour t'aider, réfère-toi au tableau que tu as créé.

NOTIONS Importantes

1 Pour exprimer une action au présent, on dit:

Je viens du Nouveau-Brunswick.

Pars-tu avec Daniel?

Il/Elle/On sort avec des amis.

Je ne pars pas pour Halifax.

Sors-tu avec Paul ce soir?

Il/Elle ne vient pas chez moi à midi.

Nous ne venons pas de Vancouver.

Vous partez avec ce gars?

Ils/Elles ne sortent pas en groupe.

Nous partons pour le cinéma à 18 h.

Sortez-vous ensemble sérieusement?

Ils/Elles viennent avec leurs cousins à ma soirée.

2 Pour exprimer une action au passé, on dit:

Je suis allé(e) au cinéma samedi soir avec mes amis.

Es-tu arrivé(e) de Saskatoon hier soir?

Son grand-père est mort l'année passée.

Sophie est tombée en amour avec Andrew.

Nous sommes descendu(e)s en ville avec nos amis de Shediac.

Êtes-vous rentré(e)s très tard samedi soir?

Rahim et Steve sont partis à sept heures.

Paulette et Fran sont venues à notre table.

3 Pour inviter quelqu'un, on dit:

Si tu es libre, veux-tu venir au centre commercial avec moi?

Ça t'intéresse de venir au parc d'attractions avec moi samedi?

4 Pour accepter une invitation, on dit:

J'accepte avec plaisir!

Oui, je veux bien!

5 Pour refuser une invitation, on dit:

Merci, mais je ne peux pas.

Je suis désolé(e), mais j'ai trop de travail.

6 Pour exprimer l'incertitude, on dit:

Je dois demander la permission.

Je ne sais pas.

7 Pour présenter quelqu'un, on dit:

Je veux te présenter mon amie, Julie.

Je te présente ma soeur, Sonia.

64

Mots UTILES

Description

amusant / amusante
familial / familiale
natal / natale
sympa
timide

Identification

amitié (f)
centre commercial (m)
cercle (m)
chasse (f) au trésor
copain (m) / copine (f)
course (f) de sac
échange (m)
équipe (f)
feu (m) de camp
impression (f)
jeu électronique (m)
macaron (m)
passeport (m)
prix (m) de présence
promenade (f) en chariot
réunion (f)
sommet (m)
sortie (f)
téléphérique (m)
tir (m) au poignet
tourtière (f)
vue (f)

Action

accepter
accueillir
adorer
célébrer
commander
dépenser
exagérer
fêter
fréquenter
habiter
magasiner
organiser
refuser
regretter
rencontrer

aller
arriver
descendre
entrer
monter
mourir
naître
partir
rentrer
rester
retourner
revenir
sortir
tomber
venir

Expressions

C'est leur affaire.
Chacun son goût!
Il est beau à mourir!
Jamais de la vie!
Je tremble dans mes culottes!
On s'entend bien.
Tu veux rire!

avoir besoin de
avoir raison
souhaiter la bienvenue à
    quelqu'un
tomber en amour

ensemble
partout

en vente
un petit ami / une petite amie
un tas de choses

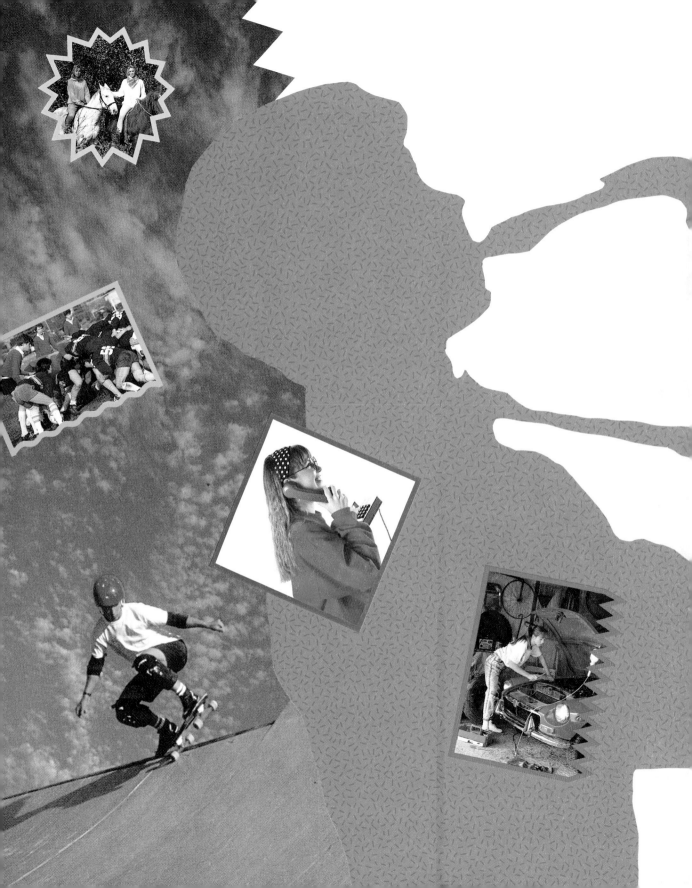

Temps libre

Dans cette unité, tu vas pouvoir:

▼

parler de tes passe-temps,
de tes activités et de tes intérêts

▼

exprimer ton opinion

▼

exprimer un désir

▼

exprimer ta capacité de faire
quelque chose

▼

exprimer une obligation

▼

utiliser le superlatif

▼

annoncer un gagnant ou une gagnante

▼

continuer une conversation

apprendre l'anglais en t'amusant

Ça te tente?

Pour de belles vacances stimulantes, viens donc nous dire... Hello!

ANGLO FUN

Institut de services linguistiques de l'Estrie inc.

600, Chemin de la Diligence
Stukely-Sud (Québec) J0E 2J0

209, boul. Pierre Laporte
Bromont (Québec) J0E 1L0

SECRÉTARIAT
C.P. 1463
Waterloo, Québec
J0E 2N0
Tél: (514) 297-3717

learning English can be fun!

CONCOURS CAMP ANGLOFUN

Voulez-vous apprendre l'anglais? Eh bien, à vous la parole! Oui, c'est vrai! Vous pouvez apprendre l'anglais tout en vous amusant! *Jeunesse Mag* vous lance le défi!

La personne qui gagne notre concours va passer un séjour inoubliable au camp AngloFun (voir l'annonce ci-dessous).

RÈGLES DU CONCOURS

1 Vous devez être âgé(e) de 14 à 17 ans.

2 Vous devez nous envoyer une fiche biographique. Décrivez vos intérêts et vos passe-temps.

3 Vous devez aussi rédiger une lettre de cent mots:

- Vous devez expliquer pourquoi vous êtes un bon candidat ou une bonne candidate pour le camp.
- Surtout, vous devez répondre à la question «Pourquoi voulez-vous apprendre l'anglais?»

69

Compréhension

. . . .

1 En groupes de deux, lisez les renseignements sur le Concours camp AngloFun de *Jeunesse Mag*. Associez les éléments des deux colonnes pour compléter les phrases.

1. *Concours* est
2. L'anglais est
3. Les gagnants
4. Au camp AngloFun
5. Un élève de 12 ans
6. Dans la lettre, on doit

a) ne peut pas participer au camp.
b) on apprend l'anglais.
c) un mot synonyme de *compétition*.
d) expliquer pourquoi on est un bon candidat ou une bonne candidate.
e) vont aller au camp AngloFun.
f) une langue internationale.

2 Lisez l'annonce du camp AngloFun et répondez aux questions suivantes.

a) Combien de participants y a-t-il au camp à la fois?
b) De quels niveaux sont les cours?
c) Combien d'heures de cours y a-t-il par jour?
d) Nommez trois sports offerts au camp.
e) Nommez trois autres activités au camp.

Application

. . . .

Imaginez que vous travaillez au camp AngloFun comme moniteur ou monitrice. Discutez de vos expériences.

Expansion

1 Voici une liste des choses que les participants au camp AngloFun doivent apporter. Utilisez un tableau pour classer les articles sous les catégories suivantes.

	équipement	vêtements	articles personnels
deux grandes serviettes de bain			
un sac de couchage			
trois shorts			
une lampe de poche			
une raquette de tennis			
cinq T-shirts			
de la lotion solaire			
une brosse à dents, du dentifrice			
deux maillots de bain			

Ajoutez un article dans chaque catégorie de votre tableau.

2 Préparez une affiche sur un camp de votre choix.

Présentez votre affiche à un autre groupe.

N'OUBLIEZ PAS...

▶ Qui peut y aller?

▶ Quels cours sont offerts?

▶ Combien d'heures de cours y a-t-il par jour?

▶ Quels sont les sports au camp?

▶ Quelles autres activités sont offertes?

etc.

Attention!
Le camp AngloFun!

Deux moniteurs du camp AngloFun veulent faire de la publicité pour leur camp d'été. Voici leurs idées.

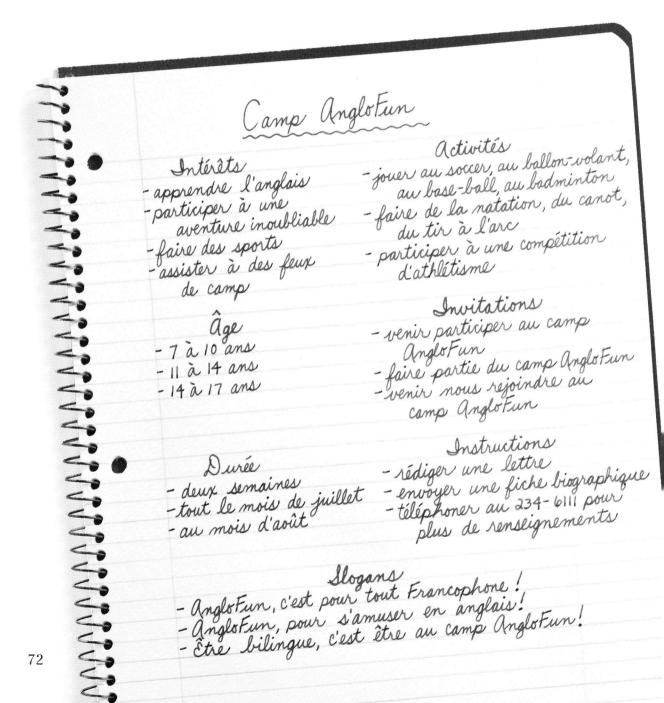

Camp AngloFun

Intérêts
- apprendre l'anglais
- participer à une aventure inoubliable
- faire des sports
- assister à des feux de camp

Âge
- 7 à 10 ans
- 11 à 14 ans
- 14 à 17 ans

Durée
- deux semaines
- tout le mois de juillet
- au mois d'août

Activités
- jouer au soccer, au ballon-volant, au base-ball, au badminton
- faire de la natation, du canot, du tir à l'arc
- participer à une compétition d'athlétisme

Invitations
- venir participer au camp AngloFun
- faire partie du camp AngloFun
- venir nous rejoindre au camp AngloFun

Instructions
- rédiger une lettre
- envoyer une fiche biographique
- téléphoner au 234-6111 pour plus de renseignements

Slogans
- AngloFun, c'est pour tout Francophone !
- AngloFun, pour s'amuser en anglais !
- Être bilingue, c'est être au camp AngloFun !

1 Regardez l'annonce publicitaire qu'ils ont préparée pour la radio.

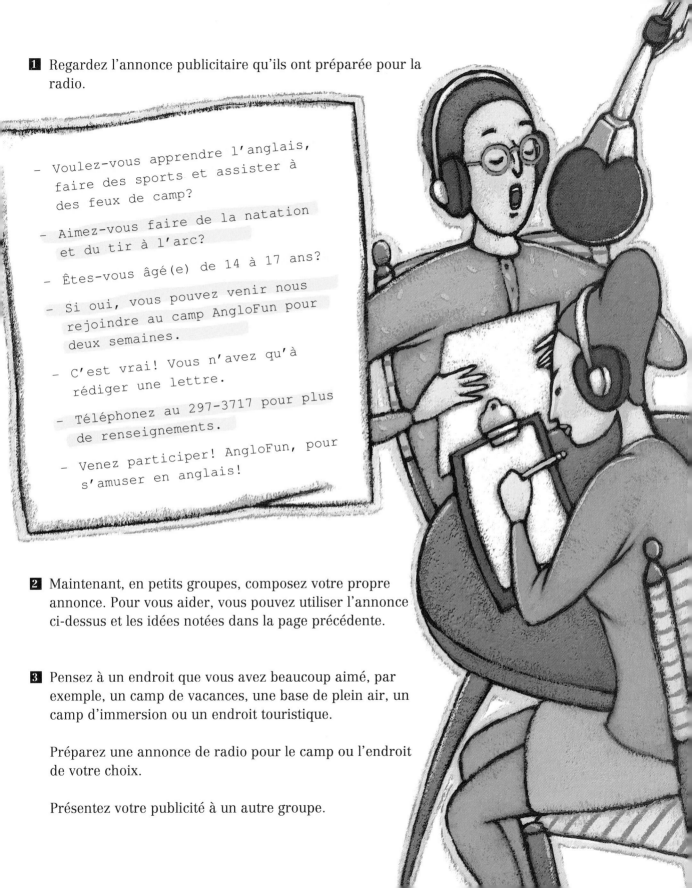

- Voulez-vous apprendre l'anglais, faire des sports et assister à des feux de camp?

- Aimez-vous faire de la natation et du tir à l'arc?

- Êtes-vous âgé(e) de 14 à 17 ans?

- Si oui, vous pouvez venir nous rejoindre au camp AngloFun pour deux semaines.

- C'est vrai! Vous n'avez qu'à rédiger une lettre.

- Téléphonez au 297-3717 pour plus de renseignements.

- Venez participer! AngloFun, pour s'amuser en anglais!

2 Maintenant, en petits groupes, composez votre propre annonce. Pour vous aider, vous pouvez utiliser l'annonce ci-dessus et les idées notées dans la page précédente.

3 Pensez à un endroit que vous avez beaucoup aimé, par exemple, un camp de vacances, une base de plein air, un camp d'immersion ou un endroit touristique.

Préparez une annonce de radio pour le camp ou l'endroit de votre choix.

Présentez votre publicité à un autre groupe.

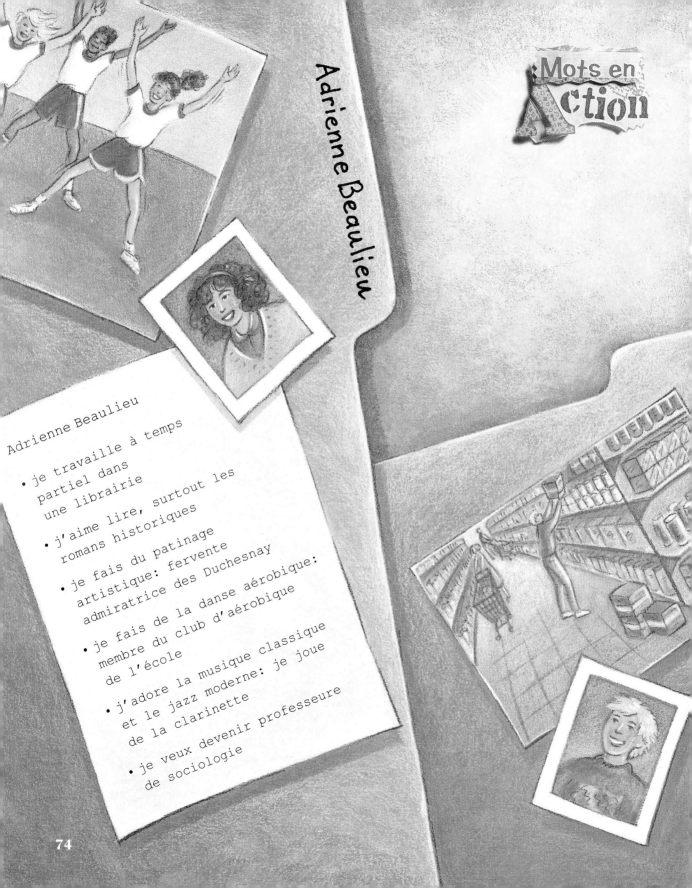

Adrienne Beaulieu

Adrienne Beaulieu

- je travaille à temps partiel dans une librairie
- j'aime lire, surtout les romans historiques
- je fais du patinage artistique: fervente admiratrice des Duchesnay
- je fais de la danse aérobique: membre du club d'aérobique de l'école
- j'adore la musique classique et le jazz moderne: je joue de la clarinette
- je veux devenir professeure de sociologie

Concours camp AngloFun
Les finalistes

Les rédacteurs de *Jeunesse Mag* ont reçu un tas de lettres en réponse au Concours. Après des heures de lecture, ils ont choisi trois finalistes. Voici leurs fiches biographiques.

Édouard Pham

Yves Rivard

Yves Rivard
· je travaille à temps partiel dans un supermarché

· j'aime regarder de vieux films sur bande vidéo: mon film préféré est Casablanca

· je joue au hockey pour l'équipe de l'école

· je suis membre du club d'art dramatique de l'école

· j'aime la musique canadienne-française traditionnelle et moderne: mes artistes préférés sont Gilles Vigneault et Roch Voisine

· je veux faire carrière dans le théâtre

Édouard Pham

· je travaille à temps partiel dans un restaurant

· j'aime être actif: je joue au base-ball, au ballon-panier, au tennis

· j'aime jouer avec des jeux électroniques

· je suis membre du conseil d'école

· j'adore le rock: je joue de la guitare

· je veux travailler pour le bien-être du Tiers monde

Compréhension

En groupes, classez les activités et les intérêts des trois finalistes dans un tableau.

Qui...	Adrienne	Yves	Édouard
aime la lecture?			
est sportif/sportive?			
travaille à temps partiel?			
apprécie le théâtre?			
aime la musique moderne?			
aime la musique classique?			
veut devenir professeur/professeure?			
participe à des activités parascolaires?			
joue d'un instrument musical?			

Application

1. Indique les catégories ci-dessus qui s'appliquent à toi.

2. Ajoute deux autres catégories au tableau. Pense à tes propres intérêts.

3. En groupes, discutez de vos intérêts et de vos passe-temps.

Expansion

1. Imaginez l'ami idéal ou l'amie idéale. Faites une liste de ses activités et de ses passe-temps.

2. Faites un sondage basé sur cette liste. Utilisez le tableau ci-dessus comme modèle et posez vos questions à trois personnes.

3. Identifiez la personne qui ressemble le plus à votre ami idéal ou amie idéale.

Le monde
de la musique

Édouard rencontre des amis au magasin de disques. Ils regardent ensemble des cassettes et des disques compacts.

ÉDOUARD: Formidable! J'ai enfin trouvé le nouveau disque compact de Jean Bonami.

CLAUDE: Laisse-moi voir. Mais, c'est du rock. Tu aimes ça?

ÉDOUARD: Bien sûr. Et toi? Tu n'aimes pas ce genre de musique?

CLAUDE: Oui, mais je préfère le rap. J'adore Lucie Calamité.

....

1 Tu es avec une amie ou un ami dans un magasin de disques. Parlez de vos disques préférés.

POUR VOUS AIDER

le blues	la musique folk
la musique country	la musique pop
le heavy metal	le rap
le jazz	le reggae
la musique classique	le rock

2 Choisissez trois genres de musique de la liste. Pour chaque genre, donnez le nom d'un chanteur ou d'un groupe, et le titre d'une chanson.

Dites pourquoi vous aimez ou pourquoi vous n'aimez pas ces genres de musique.

POUR EXPRIMER VOTRE OPINION

Cette musique est sensass!
Cette musique est affreuse!
(...) ne sait pas chanter.
Ce n'est pas de la bonne musique pour danser.
(...) (ne) m'intéresse (pas).
etc.

Festival des arts

1 Identifiez les expositions et les événements dans les photos en utilisant les mots de la liste.

un défilé de mode
la danse moderne
le théâtre
une exposition de peinture
un concert

2 Quels événements sont les plus intéressants et les moins intéressants? Pourquoi?

Discutez en groupes de deux.

VENDREDI 17 MAI

DANSE MODERNE:
Gina Lajoie, fondatrice
de la troupe Danse Canada
2 représentations :
13 h à 15 h
16 h à 18 h
Salle Beauséjour,
Hôtel Richelieu

DÉFILÉ DE MODE:
la mode dernier cri
d'Yves Ste-Florence,
Anna Klina et
Giorgio Armoire
15 h et 19 h
Place Concorde

EXPOSITION DE LIVRES:
bandes dessinées,
romans,
livres scolaires, jeux
9 h à 17 h
Salon des exposants
Musée Frontenac

**EXPOSITION
D'ART MODERNE:**
les derniers
chefs-d'œuvre
de Paul Framboise,
Émilie Lavert et
Karl Lebrun
9 h à 16 h
Musée Frontenac

THÉÂTRE:
Les Belles-Sœurs,
pièce en deux actes
de Michel Tremblay
20 h
Centre La Vérendrye

3 Lisez l'extrait du
programme pour
le Festival des arts.

4 En groupes, planifiez
votre journée au festival.

5 Maintenant, créez un
programme pour un
festival de votre région.
Pour chaque événement,
n'oubliez pas d'inclure
une brève description,
la date, l'heure et le lieu.

6 Présentez votre
programme à un autre
groupe.

Athlétisme

Voici un tableau des meilleurs jeunes athlètes et de leurs performances.

Athlétisme – Résultats

100 mètres

Garçons		Filles	
Boudreau, Martin (école Riverside)	13, 4 sec.	Desbien, Claire (école Lajeunesse)	14, 1 sec.
Gilbert, Pierre (école Lajeunesse)	12, 9 sec.	Elliott, Julie (école Massey)	14, 5 sec.
Howe, Richard (école Ste-Anne)	13, 8 sec.	Gollert, Deborah (école King)	13, 9 sec.
Montagno, Tony (école St-Joseph)	13, 2 sec.	Morrison, Marie (école Ste-Marie)	13, 8 sec.
Palenchuk, Albert (école Centrale)	13, 5 sec.	Piché, Michelle (école Centrale)	15, 2 sec.

Saut en longueur

Higgins, Douglas (école Beaudoin)	6, 47 m	Abdul, Natasha (école Riverside)	4, 75 m
Lopez, Elver (école Ste-Anne)	5, 77 m	Chow, Annie (école St-Joseph)	5, 15 m
McDonnell, Bruce (école King)	6, 52 m	Dupuis, Valérie (école Massey)	5, 07 m
Singh, Anthony (école Centrale)	5, 72 m	Fortin, Nicole (école Ste-Marie)	3, 88 m
St-Louis, Patrick (école Clarkside)	6, 77 m	O'Riley, Lyne (école Lajeunesse)	3, 92 m

Saut en hauteur

Brady, Théo (école Ste-Anne)	1, 39 m	Mueller, Caroline (école Massey)	1, 42 m
Fahid, Talal (école Beaudoin)	1, 45 m	Nguyen, Nathalie (école Centrale)	1, 30 m
Ienna, Christophe (école St-Joseph)	1, 40 m	Reaume, Nadine (école Riverside)	1, 29 m
Liebowitz, Kurt (école King)	1, 57 m	Thompson, Sheila (école Clarkside)	1, 22 m
Reid, Éric (école Centrale)	1, 75 m	Wiley, Brigitte (école Lajeunesse)	1, 31 m

Lancer du poids

Federov, Ronald (école Massey)	9, 76 m	Beausoleil, Ève (école Ste-Anne)	7, 75 m
Gaudette, François (école Lajeunesse)	9, 88 m	Donelli, Gloria (école King)	7, 10 m
Peterson, Olivier (école St-Joseph)	8, 10 m	Fujimoto, Ingrid (école Riverside)	6, 02 m
Proulx, Yves (école Ste-Marie)	8, 85 m	Martin, Suzanne (école Massey)	5, 95 m
Winograd, Claude (école Centrale)	7, 02 m	Wilson, Cathy (école Jarvis)	7, 84 m

1 En groupes de deux, déterminez qui a fini en première, deuxième et troisième place dans chaque épreuve.

2 Maintenant, déterminez quelles sont les trois meilleures écoles de la compétition d'athlétisme.

Pour chaque activité sportive, accordez les points suivants:

école en première place – 3 points
école en deuxième place – 2 points
école en troisième place – 1 point

L'école qui a le plus de points est la gagnante. Faites un rapport oral sur vos résultats.

3 Imaginez que vous devez remettre les prix aux gagnants des épreuves athlétiques à la page précédente.

En groupes de deux, choisissez un sport et annoncez le gagnant ou la gagnante.

4 Parlez de vos talents athlétiques.

- À quelles épreuves avez-vous participé?
- En combien de temps avez-vous couru le 100 mètres?
- À quelle distance avez-vous lancé le poids?

Si vous n'êtes pas sportifs ou si vous ne connaissez pas ces détails, parlez de ce que vous aimez ou de ce que vous n'aimez pas de l'athlétisme.

POUR ANNONCER LES GAGNANTS

La meilleure école, c'est (...) parce qu'elle a (...) points.

En première/deuxième/troisième place, c'est l'école...

J'ai le plaisir/l'honneur de présenter ce prix/ce trophée/cette plaque/etc. à...

N'OUBLIEZ PAS...

- ▶ le nom de l'épreuve
- ▶ le nom du gagnant ou de la gagnante
- ▶ le nom de son école

Lettres des finalistes

Comme suite à l'annonce du Concours camp AngloFun, nous avons reçu une véritable inondation de réponses! Nos rédacteurs ont choisi comme finalistes les auteurs des trois lettres qui suivent, mais nous faisons appel à nos lecteurs pour choisir la gagnante ou le gagnant. Veuillez nous envoyer vos choix en ordre de préférence (1,2 et 3).

Chers rédacteurs de Jeunesse Mag,

Je suis une fidèle lectrice de votre magazine. Le Concours camp AngloFun m'offre la possibilité de réaliser un grand rêve.

Bien que j'habite Rimouski dans un milieu francophone, j'ai toujours cru à l'importance de bien connaître les deux cultures fondatrices de notre pays. La langue est la clé qui ouvre cette porte et je fais de mon mieux pour apprendre l'anglais. Pourtant, je suis souvent frustrée: je suis des cours d'anglais à l'école, mais je n'arrive pas à communiquer comme il faut.

Je sais que j'ai besoin de passer du temps dans un environnement anglophone. Ça me fait un peu peur, mais avec votre concours, je pourrais y arriver.

Veuillez recevoir, chers rédacteurs, l'assurance de mes sentiments respectueux.

Adrienne Beaulieu

Adrienne Beaulieu

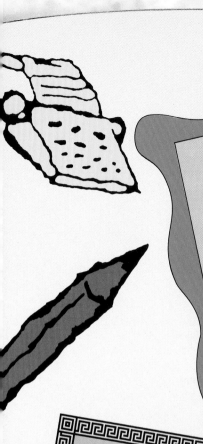

Cher Jeunesse Mag,

J'aime bien votre magazine et le Concours camp AngloFun m'intéresse beaucoup. Je ne suis pas certain d'y être admissible parce que je ne suis pas encore tout à fait Canadien. Ma famille et moi, on est arrivé du Viêt-nam il y a deux ans.

Bien que mon pays me manque beaucoup, je commence à m'habituer à ma nouvelle vie. Pour moi, tout est nouveau et différent! J'apprécie l'esprit ouvert des Canadiens. Ici, toutes les cultures ont une valeur.

C'est le climat idéal pour apprendre une deuxième langue. Alors, j'aimerais bien participer à votre camp. Avec cette expérience, j'espère connaître mon nouveau pays encore mieux!

Un futur Canadien,

Édouard Pham

Édouard Pham

Chers organisateurs du concours,

Franchement, je ne sais pas pourquoi j'écris cette lettre. Bien sûr que j'aimerais parler l'anglais. Comme tout le monde, je vois les avantages d'être bilingue.

Mes intérêts et passe-temps, eh bien, j'aime regarder la télé, sortir avec mes copains — rien de très intéressant. En plus, mes notes en anglais sont affreuses — 55 pour cent dans mon dernier bulletin. C'est vrai que je ne parle pas assez en classe, mais c'est parce que ça semble si artificiel. Quand j'ai expliqué ça à ma mère, elle m'a dit « Voilà ce qu'il te faut! » et elle m'a montré l'annonce de votre concours.

Alors, je vous écris surtout pour plaire à ma mère, mais je dois dire que j'aimerais bien participer à votre camp.

Yours truly!
Yves Rivard

Compréhension

1 En groupes de deux, répondez aux questions suivantes.

a) Combien de finalistes y a-t-il dans le concours?

b) Qui va choisir le gagnant ou la gagnante du concours?

c) Où habite Adrienne?

d) Quel est le rêve d'Adrienne?

e) Comment sont les notes d'Yves en anglais?

f) Qui a encouragé Yves à participer au concours?

g) Quel est le pays d'origine d'Édouard?

h) Selon Édouard, quelle est la caractéristique unique du Canada?

2 Faites un résumé des renseignements sur les finalistes. Pour vous aider, créez un tableau.

nom	détails personnels	raisons pour participer au camp
1. Adrienne Beaulieu		
2.		
3.		

Application

Voici trois pensées exprimées par les finalistes dans leurs lettres.

- Je vois les avantages d'être bilingue.
- La langue est la clé qui ouvre la porte sur une culture.
- Au Canada, toutes les cultures ont une valeur.

1. Associez chaque pensée à un ou une des trois finalistes.

2. Êtes-vous d'accord? Pourquoi ou pourquoi pas?

3. Avec quel(le) finaliste est-ce que vous vous identifiez le plus? Pourquoi?

Expansion

1 Tu veux participer au *Concours camp FrancoFun*. Si tu gagnes, tu vas passer deux semaines à un camp d'immersion française.

Fais une liste de renseignements personnels.

2 En groupes de deux, comparez vos listes. Selon vous, qui va gagner le concours? Pourquoi? Donnez deux raisons.

N'OUBLIE PAS...

- ► ton nom
- ► ta province ou ton pays d'origine
- ► les langues que tu parles
- ► des détails personnels: tes intérêts et tes passe-temps
- ► tes raisons pour participer au concours

C'est à vous de choisir!

Vous êtes responsable de choisir le gagnant ou la gagnante du Concours camp AngloFun.

1 En groupes, regardez les critères dans la fiche d'évaluation ci-dessous.

Concours camp AngloFun

Fiche d'évaluation

CANDIDAT/CANDIDATE : _____

	oui	non	peut-être
1. veut se faire de nouveaux amis			
2. sort avec des amis			
3. sait communiquer en anglais			
4. essaie de comprendre la culture canadienne-anglaise			
5. a envie d'être bilingue			
6. participe aux activités parascolaires			
7. est enthousiaste			
8. est coopératif/coopérative			
9. s'intéresse aux sports			
10. est un bon ou une bonne élève			

2 Selon vous, quels sont les cinq critères les plus importants? Justifiez votre choix.

3 Pour évaluer les candidats, chaque groupe prépare sa propre fiche d'évaluation. Utilisez la fiche à la page précédente comme modèle. N'oubliez pas d'inclure vos cinq critères.

4 Relisez les lettres et les fiches biographiques des finalistes aux pages 74, 75, 82 et 83.

5 Complétez une fiche d'évaluation pour chaque finaliste.

6 Décidez qui gagne le concours. Justifiez votre décision.

7 Présentez votre choix et vos raisons aux autres groupes.

POUR ANNONCER LE GAGNANT OU LA GAGNANTE

On a choisi...

D'après sa lettre et sa fiche biographique...

On pense que...

À notre avis, c'est le meilleur candidat/la meilleure candidate parce que...

POUR CONTINUER UNE CONVERSATION

Au contraire...   De plus...   Mais...

Aussi...   Également...   Par contre...

Cependant...   En plus de cela...   *etc.*

87

On se RENCONTRE

LOISIRS
Quels sont tes loisirs préférés?

83%

S P O R T S
Ça bouge!

51%

L E C T U R E
Et dire qu'on pense que les jeunes ne lisent pas!

27%

M U S I Q U E
Surtout chez les jeunes de 14 ans.

24%

T É L É V I S I O N
Surprise! nous ne sommes pas toujours devant la télé.

18%

B R I C O L A G E
Surtout chez les 12 ans et moins.

15%

O R D I N A T E U R
À surveiller! Qu'en sera-t-il dans deux ans?

6%

J E U X   D E   S O C I É T É

3%

C O L L E C T I O N S

Sondage

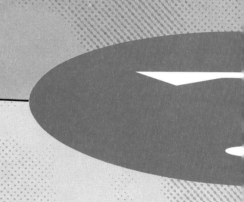

LES JEUNES

Texte - Francine Gagnon

As-tu déjà participé à un sondage? Un vrai, réalisé par une firme sérieuse. Probablement jamais!

exclusif

AU MICRO

Vidéo-Presse te présente une étude exclusive portant sur les habitudes et les goûts des jeunes. Plus de 500 jeunes de diverses régions du Canada ont répondu aux questions.

CINÉMA

Quel film préfères-tu?

Les lecteurs et lectrices de *Vidéo-Presse* sont de véritables cinéphiles. Ils vont au cinéma au moins 3 fois par année. Seulement 1 sur 10 n'y va jamais. Ce sont les 15 ans et plus qui y vont 4 fois par année. Pas étonnant! Ils ont plus d'argent de poche. Les chanceux!

- - -

En vedette à la télévision et au cinéma

50%	Récits, drames, aventures
37%	Comédies
21%	Science-fiction
12%	Horreur
8%	Policier
5%	Action, guerre, violence
4%	Film animation

- - -

D'autre part, un sondage BBM effectué en 1987 révèle que les jeunes en général avouent une nette préférence pour les films d'horreur et pour la comédie. Les films policiers et d'horreur intéressent les plus de 13 ans. Les jeunes pour qui la télévision est un passe-temps préfèrent les comédies et les films d'horreur.

Quand tu vas au cinéma, préfères-tu le film, la bonne compagnie ou le maïs soufflé?

Adapté de *Vidéo-Presse*, mai 1991

En groupes de deux ou trois, choisissez une des situations suivantes et créez une saynète originale. Référez-vous aux tableaux *Pour vous aider*.

Répétez et présentez votre saynète.

Saynète A: Le temps libre des jeunes
▼▼▼▼▼▼▼▼▼▼▼▼▼▼▼▼▼▼▼▼▼▼▼▼▼

Rôles
- un/une journaliste
- un/une prof
- un directeur/une directrice d'école
- un commerçant/une commerçante
- un parent/une parente
- un agent/une agente de police
  etc.

Situations
- les activités des jeunes
- le temps libre
- un conflit
  etc.

Saynète B: Une semaine typique!
▼▼▼▼▼▼▼▼▼▼▼▼▼▼▼▼▼▼▼▼▼▼▼▼

Rôles
- toi
- tes amis
- le prof
  etc.

Situations
- peu de temps libre
- trop de travail
- problèmes
  etc.

Une lettre

UN REPORTAGE DE SERGE LAFLAMME

Que font les jeunes d'aujourd'hui de leurs temps libres?
- Les jeunes passent trop de temps dans les centres commerciaux.
- Trop de jeunes sont paresseux!
- Ils n'ont pas d'intérêts ou d'ambitions.
- Tout ce qu'ils veulent, c'est dépenser de l'argent.
- Ils ne participent pas aux activités parascolaires.
- Ils n'ont pas le temps d'aider à la maison.

Évidemment, ce n'est pas toujours vrai.

Écris une lettre au journaliste Serge Laflamme et explique-lui pourquoi ses commentaires ne s'appliquent pas à tous les jeunes d'aujourd'hui.

Un programme

Imagine que tu fais partie d'un comité qui va organiser un festival des arts à ton école.

1 En groupes, planifiez un programme de deux jours et créez un dépliant.

N'OUBLIEZ PAS...

- ▶ une description des activités
- ▶ l'endroit
- ▶ la date et l'heure
- ▶ des illustrations

2 Présentez votre programme à un autre groupe.

On joue ou on fait?

1 En groupes de deux, classez les activités suivantes dans deux catégories.

catégorie A = jouer à
catégorie B = faire de

badminton (m)
ballon-balai (m)
ballon-panier (m)
ballon-volant (m)
base-ball (m)
billard (m)
boxe (f)
canot (m)

cartes (f)
course à pied (f)
danse aérobique (f)
échecs (m)
équitation (f)
escrime (f)
football (m)
golf (m)
gymnastique (f)
haltérophilie (f)
hockey (m)
jogging (m)
karaté (m)
natation (f)

patin à roulettes (m)
ping-pong (m)
planche à voile (f)
plongée sous-marine (f)
plongeon (m)
quilles (f)
rouli-roulant* (m)
ski (m)
ski de fond (m)
ski nautique (m)
tennis (m)
vélo (m)
voile (f)
water-polo (m)

2 Maintenant, pourquoi dit-on «je joue **au** base-ball», mais «je fais **du** ski»?

3 Regardez l'image du sportif à gauche. Quelles activités aime-t-il faire?

4 Maintenant, crée un ou une athlète de ton choix. Parle de cette personne à ton ou ta partenaire, en ajoutant le plus de détails possibles.

5 Quels sont les points que vous avez en commun?

6 Quelles sont tes préférences sportives?

* expression canadienne qui veut dire *planche à roulettes*

92

Cherchez le mot!

Si tu oublies un mot français, peux-tu expliquer le mot que tu
cherches ou peux-tu utiliser un synonyme?

1 Lis les descriptions suivantes. Comprends-tu
ce qu'on veut dire? De quelle activité ou
équipement parle-t-on? Pour t'aider,
réfère-toi à la page précédente.

   a) «Je dois acheter un... tu sais... on met
   ça si on veut faire de la natation.»

   b) «J'ai besoin... d'une chose en bois pour
   jouer au hockey.»

   c) «Est-ce que vous avez le jeu... euh...
   c'est un jeu où il y a des pions qui
   s'appellent un roi, une reine, des
   chevaliers et des tours.»

   d) «Euh... est-ce qu'il y a un centre sportif
   près d'ici? Je veux faire... euh... ce
   sport où on lève des poids.»

   e) «Quel est le mot en français pour le
   sport... euh... quand on va à cheval?»

   f) «Je ne connais pas l'autre
   expression pour faire de
   la bicyclette.»

   g) «Le ski qu'on fait sur l'eau,
   ça s'appelle comment?»

   h) «Est-ce que vous faites...
   qu'est-ce que je veux dire?
   C'est un sport qu'on pratique
   sur un lac avec un morceau
   de bois. C'est un peu comme
   le surfing... mais avec une voile.»

2 Maintenant, essaie d'expliquer les mots
suivants.

   a) l'athlétisme

   b) le ballon-balai

   c) un arbitre

   d) une randonnée

NOTIONS Importantes

1 Pour exprimer une opinion, on dit:

À mon avis, cette musique est affreuse!

Je pense que parler plusieurs langues est très important.

Ça m'intéresse parce que j'aime rencontrer de nouveaux amis.

2 Pour exprimer un désir, on dit:

Je veux assister au concert de musique rock.

Voulez-vous apprendre une deuxième langue?

3 Pour exprimer sa capacité de faire quelque chose, on dit:

Tu peux apprendre le français tout en t'amusant.

Il peut jouer de la guitare.

4 Pour exprimer une obligation, on dit:

Je dois rédiger une lettre de cent mots.

Elle doit travailler au supermarché ce soir.

5 Pour utiliser le superlatif, on dit:

Émile est le meilleur athlète de l'école.

Suzanne dessine les caricatures les plus amusantes.

Selon René, l'activité la moins intéressante du camp, c'est la lecture.

6 Pour annoncer un gagnant ou une gagnante, on dit:

J'ai le plaisir de présenter ce trophée à Christine, la gagnante du saut en longueur.

Chers amis, j'ai le grand honneur de vous présenter David, le gagnant du Concours camp FrancoFun.

7 Pour continuer une conversation, on dit:

Tous les jeunes aiment regarder la télévision, cependant les garçons regardent plus d'émissions sportives que les filles.

Mon ami Joël n'est pas très sportif, mais il joue de la guitare et il chante.

Caroline est vice-présidente du conseil d'école et en plus de cela, elle travaille à temps partiel à la pizzeria.

Mots UTILES

Description

admissible
affreux / affreuse
fervent / fervente
fidèle
fondateur / fondatrice

Identification

admirateur (m) / admiratrice (f)
bien-être (m)
bulletin (m)
carrière (f)
clé (f)
concours (m)
conseil (m) d'école
danse aérobique (f)
défi (m)
épreuve (f)
esprit (m)
fiche biographique (f)
inondation (f)
lecteur (m) / lectrice (f)
passe-temps (m)
patinage artistique (m)
pays (m)
rédacteur (m) / rédactrice (f)
séjour (m)
Tiers monde (m)

Action

arriver (à)
envoyer
espérer
plaire (à)
réaliser
rédiger
sembler

Expressions

blues (m)
heavy metal (m)
jazz (m)
musique classique (f)
musique country (f)
musique folk (f)
musique pop (f)
rap (m)
reggae (m)
rock (m)

À vous la parole!
Comme suite à l'annonce...
Mon pays me manque.

lancer un défi
passer du temps / passer un séjour

bien sûr
franchement

à temps partiel
la mode dernier cri

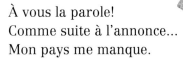

Au travail

Dans cette unité, tu vas pouvoir:

parler des travaux ménagers, des emplois à temps partiel et du travail bénévole

donner des ordres

offrir des excuses

demander et donner des renseignements personnels

parler de tes préférences

▼

exprimer un choix personnel

97

Chacun fait sa part!

La famille Dugas est très active. Chacun a un horaire très chargé. Monsieur Dugas a préparé le tableau suivant comme aide-mémoire.

	Papa	Maman	Jean-Christophe	Danielle
lundi	- prépare le souper*	- va à la banque	- garde les jumeaux après l'école	- travaille à la bibliothèque
mardi	- conduis Jean-Christophe à son entraînement de soccer	- prépare le souper	- n'oublie pas ton entraîne-ment de soccer	- va rendre visite à Tante Rose
mercredi	- prépare le souper	- va au collège pour ton cours d'informatique	- sors les ordures et la boîte de recyclage	- aide Papa à préparer le souper
jeudi	- conduis Danielle à sa leçon de tennis	- prépare le souper - paie les factures	- aide Maman à préparer le souper	- n'oublie pas ta leçon de tennis
vendredi	- rencontre Henri au club pour un match de squash	- emmène Grand-maman chez la coiffeuse	- passe l'aspirateur	- commande une pizza pour le souper de la famille
samedi	- fais le ménage - conduis Jean-Christophe à son match de soccer	- fais les courses - fais le jardinage	- range ta chambre - ton match de soccer - vérifie ton équipement de soccer	- range ta chambre - fais le jardinage
dimanche	- fais le lavage - va chercher Grand-maman pour le dîner**	- prépare le dîner - fais tes devoirs d'informatique	- emmène les jumeaux au parc	- aide Grand-maman à faire son ménage - aide Maman à faire ses devoirs d'informatique

Jean-Christophe et Danielle
Tous les soirs
- rangez la vaisselle dans le lave-vaisselle
- préparez vos dîners pour le lendemain
- faites vos devoirs

* expression canadienne qui veut dire le repas du soir
** expression canadienne qui veut dire le repas à midi

Compréhension

1 En groupes de deux, indiquez si les phrases sont vraies ou fausses. Corrigez les phrases fausses.

a) Monsieur Dugas prépare le souper deux fois par semaine.

b) Jean-Christophe fait partie d'une équipe de hockey.

c) Madame Dugas doit faire ses devoirs le dimanche.

d) Danielle aide monsieur Dugas à préparer le souper vendredi.

e) Les enfants sont responsables de ranger la vaisselle dans le lave-vaisselle tous les soirs.

2 Posez trois questions sur les responsabilités des membres de la famille Dugas à votre partenaire. Commencez par *qui, quand* et *qu'est-ce que*. Puis, changez de rôles.

Application

Posez les questions suivantes à votre partenaire. Ajoutez deux questions originales. Ensuite, changez de rôles.

1. Qui prépare les repas chez toi?

2. Qui fait les courses chez toi?

3. Qui fait le ménage chez toi?

4. Qui fait le lavage chez toi?

5. Qui range ta chambre?

Expansion

Prépare un tableau pour organiser les activités de deux membres de ta famille pour la semaine.

En groupes de deux, comparez vos tableaux.

Bonne fête, Grand-maman!

On fête l'anniversaire de Grand-maman chez Tante Rose. Tout le monde participe aux préparatifs.

1 En groupes de deux, décidez qui fait quoi chez Tante Rose.

Exemple

C'est Danielle qui range le salon.

2 Quand il y a une fête chez vous, qu'est-ce que chacun fait? Discutez en suivant l'exemple ci-dessus.

POUR VOUS AIDER

ranger la vaisselle dans le lave-vaisselle

décorer le salon

tondre la pelouse

ranger le salon

passer l'aspirateur

mettre le couvert

préparer le souper

sortir les ordures

faire un gâteau

etc.

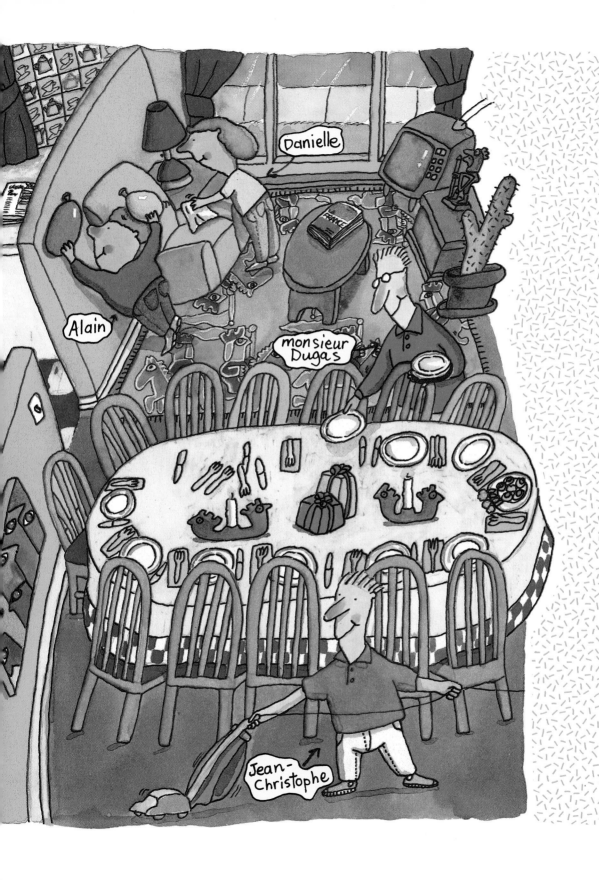

La journée à l'envers

1 Bienvenue à la journée à l'envers! Aujourd'hui, les rôles sont renversés. Vous êtes parents pour la journée et vos parents doivent faire ce que vous demandez. En groupes, donnez au moins cinq ordres à vos parents.

2 Vos parents refusent de faire ce que vous demandez. Ils vous donnent une excuse. À deux, jouez la scène, puis changez de rôles.

Exemple

— Fais le jardinage!
— Je ne peux pas. Je suis trop fatiguée maintenant.

POUR DONNER DES ORDRES

Lave la voiture!

Fais le jardinage!

Préparez le souper!

Sortez les ordures!

etc.

POUR EXPRIMER UNE EXCUSE

	J'ai des devoirs / du travail / un projet / etc. à faire.
	Je suis fatigué(e) / épuisé(e) / malade / etc.
Je ne peux pas.	Je dois préparer un examen / un test / une composition / un projet / etc.
Je m'excuse, mais...	J'ai mal à la tête / au dos / aux pieds / au ventre / etc.
Impossible!	Je dois travailler au supermarché / au magasin / au restaurant /etc. aujourd'hui.
	J'ai rendez-vous avec mes amis / chez le dentiste / etc.

3 En groupes, dressez une liste de vos responsabilités à la maison.

Présentez votre liste et dites combien de fois vous devez faire ces tâches.

4 Maintenant, imaginez que vous êtes professeurs. Donnez des ordres à vos élèves. Vos élèves vous répondent en donnant des excuses. Jouez la scène.

TON PREMIER EMPLOI

Jeunesse Mag t'aide à te préparer pour l'entrevue

C'est le moment de te présenter à une
entrevue pour ton premier emploi. Prends une feuille
de papier et réponds au questionnaire suivant.

1. Avant l'entrevue

a) Tu étudies les rapports financiers de la compagnie.

b) Tu parles à des amis qui ont déjà passé une entrevue.

c) Tu regardes la télé pour ne pas y penser.

2. Qu'est-ce que tu vas porter pour l'entrevue?

a) Tu achètes un nouvel ensemble très conservateur et professionnel.

b) Tu choisis un ensemble de ta garde-robe. Tu vérifies ton choix avec
un(e) adulte et un copain ou une copine qui a un emploi.

c) Tu portes tes jeans et ton T-shirt comme d'habitude.

3. L'entrevue est à six heures. Tu arrives:

a) à cinq heures pour montrer ton enthousiasme.

b) à six heures moins le quart et tu demandes où il faut attendre.

c) à six heures et cinq parce que tu détestes attendre.

4. On te demande: «Pourquoi veux-tu cet emploi?» Tu réponds:

a) «J'espère faire carrière après mes études avec votre compagnie.»

b) «Je cherche un nouveau défi. Je veux gagner de l'argent et acquérir
de l'expérience.»

c) «Je ne sais pas. Tout le monde a un emploi.»

5. On te demande: «Est-ce que tu as des questions?» Tu réponds:

a) «Où est-ce que je vais être dans cinq ans si je travaille dans cette
compagnie chaque été?»

b) «Quelles sont les heures de travail et quel est le salaire horaire?»

c) «Non. Est-ce que je peux partir?»

Maintenant, tourne à la page 115 pour évaluer tes réponses.

Compréhension

Indiquez si les phrases sont vraies ou fausses, selon le questionnaire de *Jeunesse Mag*.

Corrigez les phrases fausses.

1. Il est important de te préparer pour ta première entrevue.

2. Tu ne dois pas consulter tes amis.

3. Les vêtements que tu portes n'ont pas d'importance.

4. Il est important d'arriver à l'heure pour l'entrevue.

5. Gagner de l'argent, c'est la seule raison pour vouloir un emploi.

6. Il est important de mettre tes qualités en valeur.

Application

Imaginez que vous cherchez un emploi à temps partiel. En préparation, répondez aux questions suivantes.

1. Où voulez-vous travailler? Pourquoi?

2. Combien d'heures par semaine pouvez-vous travailler?

3. Quel est le salaire minimum que vous voulez gagner?

4. Qu'est-ce que vous allez porter pour l'entrevue?

Expansion

Imaginez que vous êtes employeurs et que vous voulez engager une jeune personne.

1. Quelles qualités est-ce que vous considérez les plus importantes?

2. Placez ces qualités en ordre d'importance.

3. Comparez votre liste à celle d'un autre groupe.

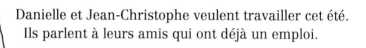

À la recherche d'un emploi

Danielle et Jean-Christophe veulent travailler cet été.
Ils parlent à leurs amis qui ont déjà un emploi.

1 En groupes, identifiez l'emploi de chaque personne
et le lieu où il ou elle travaille.

Exemple

Il est caissier. Il travaille dans une épicerie.

POUR VOUS AIDER

emplois	lieux
instructeur/instructrice de natation	une piscine
caissier/caissière	une épicerie
aide-boulanger/aide-boulangère	une boulangerie
pompiste	une station-service
aide-cuisinier/aide-cuisinière	un restaurant
gardien/gardienne	une maison
moniteur/monitrice	un parc

3

4

2 Associez les responsabilités suivantes aux emplois illustrés.

a) préparer des petits pains

b) garder les enfants

c) enseigner des jeux

d) compter l'argent

e) nettoyer la piscine

f) décorer les gâteaux

g) vérifier l'huile

h) préparer des salades

i) organiser des activités

j) faire le plein d'essence

k) donner des leçons de natation

l) gonfler les pneus

m) amuser les enfants

n) faire des sandwichs

3 Maintenant, pensez à d'autres emplois à temps partiel.

Pour chaque emploi, identifiez le genre d'emploi, le lieu de l'emploi, et deux responsabilités de l'emploi.

5

6

Sur le marché du travail

Samedi matin, Jean-Christophe se présente à une entrevue pour travailler à temps partiel au Restaurant Beaudoin.

Voici sa demande d'emploi.

RESTAURANT BEAUDOIN
DEMANDE D'EMPLOI

RENSEIGNEMENTS PERSONNELS

Nom: Dugas, Jean-Christophe
(famille)   (prénom)

Numéro d'assurance sociale: 431 607 598

Adresse: 1596, rue Martin
(numéro et rue)

Téléphone: 364 - 1580

Âge: 15

Date de naissance: le 17 juillet

Intérêts: faire des sports
collectionner des cartes de hockey

SCOLARITÉ

Tu étudies présentement? Oui   À quelle école? École secondaire Montcalm

EXPÉRIENCE

Emploi: caissier au snack-bar du centre sportif   du 10 octobre au 15 avril

Pourquoi veux-tu travailler au Restaurant Beaudoin? Pour gagner de l'argent et acquérir de l'expérience.

RÉFÉRENCES

M. Paul Leclair, professeur
487, rue Dorchester
369-0506

DISPONIBILITÉ

À partir du: 30 juin

Heures disponibles:

	LUN	MAR	MER	JEU	VEN	SAM	DIM
de				16	16	10	10
à				20	23	22	18

Date: le 3 février   Signature: Jean-Christophe Dugas

1 Imaginez que le propriétaire du Restaurant Beaudoin interviewe Jean-Christophe pour un poste d'aide-serveur. En groupes de deux, jouez les rôles du propriétaire et de Jean-Christophe, en utilisant les renseignements sur sa demande d'emploi.

POUR VOUS AIDER

Quel est/Quels sont...

À quels autres endroits...

Quand es-tu disponible?

Où as-tu travaillé/habité?

etc.

2 Maintenant, créez votre propre entrevue. Pour vous aider, vous pouvez vous référer à la demande d'emploi de Jean-Christophe. Jouez les rôles de l'employeur et du candidat. Puis, changez de rôles.

3 As-tu un emploi à temps partiel? Où? Depuis quand? Avec ton ou ta partenaire, discute de tes expériences et de tes responsabilités dans le monde du travail.

À qui la chance?

MONITEUR/MONITRICE

Programme d'été
Parc des plages

Temps partiel
du 1er juillet au 31 août
de 9 h à 13 h

RESPONSABILITÉS:
• organiser un programme
  d'activités pour les enfants
• surveiller les enfants à la
  piscine et au terrain de jeux

CONTACTEZ:
Jeanne Martineau
Service des parcs
763-PARC

1 Lisez l'offre d'emploi à droite.
Posez des questions à votre
partenaire sur cette offre.
Commencez par *où, quand,
pourquoi, quel,* etc.

2 Voici les notes des interviewers
sur quatre candidats pour
le poste annoncé.

En groupes de quatre,
regardez les renseignements
sur chaque personne.

Donald Langlois
- n'a jamais travaillé
- est très fort en maths
- est bilingue
- fait de la photo
- est arrivé en retard
- aime prendre des décisions
- aime organiser des activités

Sam Jung
- fait de la gymnastique
- a déjà travaillé dans un
  bureau
- aime travailler sous pression
- n'aime pas jouer aux jeux
- joue du saxophone
- collectionne des timbres
- porte une boucle d'oreille

3 Chaque membre de votre groupe choisit son propre candidat ou sa propre candidate, et évalue la personne en vue du poste annoncé, en faisant une liste de ses points positifs et négatifs.

4 Parle de la personne que tu as évaluée aux membres de ton groupe.

5 En groupes, choisissez le meilleur candidat ou la meilleure candidate pour le poste, à l'aide de vos listes. Justifiez votre choix.

6 Faites une présentation de groupe à la classe sur la personne que vous avez choisie. Avec toute la classe, déterminez la personne qui va obtenir le poste.

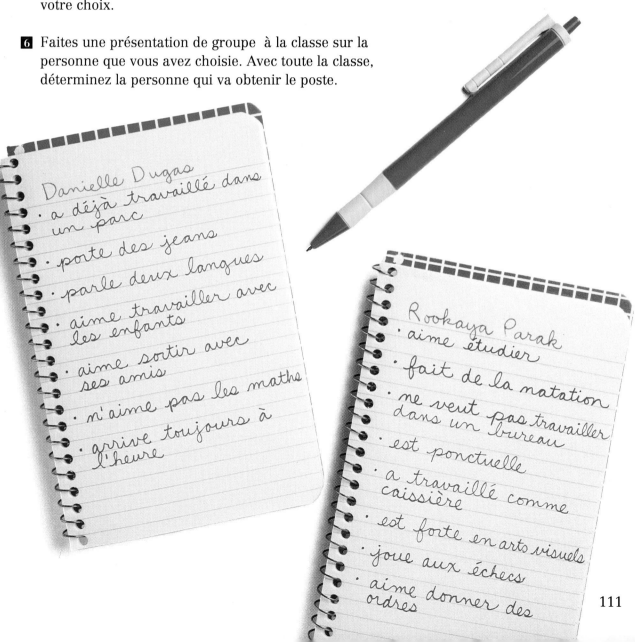

Danielle Dugas
- a déjà travaillé dans un parc
- porte des jeans
- parle deux langues
- aime travailler avec les enfants
- aime sortir avec ses amis
- n'aime pas les maths
- arrive toujours à l'heure

Rookaya Parak
- aime étudier
- fait de la natation
- ne veut pas travailler dans un bureau
- est ponctuelle
- a travaillé comme caissière
- est forte en arts visuels
- joue aux échecs
- aime donner des ordres

Mots en Action

À la recherche de jeunes bénévoles

Les lecteurs de *Jeunesse Mag* s'intéressent au bénévolat. Voici donc des annonces à ce sujet. Choisissez un travail et offrez vos services. Ne tardez pas! On a besoin de vous!

Faire du bénévolat à l'Hôpital central

Aider les autres * Apprendre beaucoup * Acquérir de l'expérience

L'administration de l'hôpital est à la recherche d'une équipe de jeunes bénévoles.

Veuillez offrir vos services au département qui vous intéresse:

- la réception
- la boutique de l'hôpital
- l'obstétrique
- la pédiatrie
- la gériatrie
- la salle d'urgence

Composez le 341-7852 pour obtenir une entrevue.

Nous comptons sur vous!

Protégeons notre environnement: l'Agence Action-Verte fait appel aux futurs dirigeants!

L'Agence Action-Verte est pour tous les jeunes qui ont l'environnement à coeur. C'est vous les jeunes qui allez hériter de ce monde. Nous sommes un organisme local à but non lucratif qui dépend des efforts de ses membres bénévoles. Nous vous invitons à participer au projet de votre choix:

❏ Organiser une campagne de nettoyage dans votre quartier.

❏ Travailler comme bénévole au centre de recyclage.

❏ Écrire des lettres aux compagnies qui contribuent à la pollution.

❏ Planter des arbres dans votre quartier.

N'hésitez pas! Votre aide est vraiment indispensable!

Téléphonez tout de suite au 333-VERT.

Aimez-vous les animaux?
La Société de la protection des animaux a besoin de vous!

Chaque jour, des animaux domestiques sont abandonnés et maltraités. Nous faisons de notre mieux pour changer cette réalité et nous comptons sur les jeunes pour nous aider. Ce travail bénévole procure beaucoup de satisfaction et de plaisir aux jeunes amis des animaux. Comme bénévole à la S.P.A., vous pouvez:

• travailler au Service d'adoption
• solliciter des contributions financières
• soigner les animaux • aider nos vétérinaires

Aidons les animaux ensemble!

Téléphonez au 991-7036 et demandez le Programme des bénévoles.

113

Compréhension

1 En groupes de deux, trouvez la définition qui correspond le mieux à chaque expression.

1. un bénévole	a) le département d'un hôpital qui s'occupe des gens âgés
2. indispensable	b) demander
3. une équipe	c) qui ne rapporte pas de profit financier
4. la gériatrie	d) essentiel
5. solliciter	e) un groupe qui joue ou travaille ensemble
6. non lucratif	f) quelqu'un qui travaille gratuitement

2 Où est-ce qu'on peut faire les activités suivantes — à l'Hôpital central, à la S.P.A., à l'Agence Action-Verte, ou aux trois endroits?

- aider les autres
- tenir compagnie aux gens malades
- préserver le monde pour les générations à venir
- aider les animaux abandonnés et maltraités
- apprendre beaucoup
- solliciter des contributions financières
- travailler au centre de recyclage
- travailler au Service d'adoption
- vendre des articles de cadeaux et des cartes
- écrire des lettres

Application

Imaginez que vous allez travailler pour un de ces organismes. Choisissez l'organisme que vous préférez.

Posez les questions suivantes à votre partenaire. Puis, changez de rôles.

- Où est-ce que tu veux travailler?

- Pourquoi? (deux raisons)

- Qu'est-ce que tu veux faire à (...)? (deux activités)

- Combien d'heures par semaine est-ce que tu peux travailler?

Expansion

1 Quelles sont tes priorités? Place chaque élément suivant en ordre d'importance.

- la famille
- les amis
- la santé
- l'environnement

- l'argent
- l'école
- le travail

2 En groupes, discutez de vos priorités.

Justifiez vos priorités:
(...) est le plus important parce que...
(...) est le moins important parce que...

3 Demande à un ou une adulte de t'expliquer ses priorités.

Compare-les à tes priorités.

Réponses au questionnaire de Jeunesse Mag

☞ **Tu as répondu A à la majorité des questions:**
Tu prends la situation trop au sérieux. Après tout, c'est ton premier emploi. Détends-toi!

☞ **Tu as répondu B à la majorité des questions:**
Bonne entrevue! Tu as fait de ton mieux. Félicitations!

☞ **Tu as répondu C à la majorité des questions:**
Tu n'as pas bien préparé ton entrevue. Apprends à mettre tes qualités en valeur.

Les jeunes en action

1 En petits groupes, discutez des photos des jeunes en action.

N ' O U B L I E Z   P A S . . .

▶ Qu'est-ce qu'on fait?

▶ Qui est-ce qu'on aide?

▶ Où est-ce qu'on travaille?

2 Imaginez que vous faites du bénévolat. (Référez-vous aux images de ces deux pages.)

Votre partenaire vous pose cinq questions au sujet de votre travail. Puis, changez de rôles.

Exemple

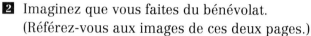

— Moi, j'ai décidé de travailler à l'Agence Action-Verte.

— L'Agence Action-Verte, c'est quoi, ça?

— C'est un groupe qui travaille pour protéger l'environnement.

— Très intéressant. Pourquoi as-tu choisi cette organisation?

    etc.

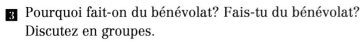

3 Pourquoi fait-on du bénévolat? Fais-tu du bénévolat? Discutez en groupes.

> ### POUR PARLER DU TRAVAIL BÉNÉVOLE
>
> pour aider les autres
> pour acquérir de l'expérience
> pour apprendre
> pour mieux comprendre les autres
> *etc.*

4 En groupes de deux, préparez une courte présentation pour solliciter de l'argent pour une organisation de votre choix.

> ### N'OUBLIEZ PAS...
>
> ▶ de vous présenter
> ▶ d'identifier l'organisation
> ▶ de décrire l'organisation
> ▶ d'expliquer pourquoi vous faites cette sollicitation
> ▶ de demander une contribution
> ▶ de remercier la personne

Un membre de chaque groupe présente la sollicitation à un autre groupe ou à la classe.

Tous les membres de la classe votent pour choisir la présentation la plus convaincante.

Croyez aux miracles!

QU'EST-CE QUE LA JOURNÉE TERRY FOX?

Historique

En 1977, à l'âge de 19 ans, on a diagnostiqué que Terry Fox souffrait d'un cancer des os. Par conséquent, on a dû amputer la jambe droite de ce jeune homme courageux. Deux ans plus tard, Terry a commencé un programme d'entraînement pour le Marathon de l'espoir. Terry voulait traverser le Canada en courant dans le but de recueillir des fonds pour la recherche sur le cancer. Son Marathon de l'espoir s'est déroulé du 12 avril au 1er septembre 1980. Malheureusement, il a dû abandonner sa course après 5 342 kilomètres (3 339 milles) car le cancer avait envahi ses poumons.

Isadore Sharp, président-directeur général des Hôtels Quatre Saisons, a proposé à Terry d'organiser une campagne annuelle de souscription à son nom afin de recueillir des fonds pour la recherche sur le cancer.

Terry Fox est mort le 28 juin 1981.

La première Journée Terry Fox a eu lieu le 13 septembre 1981. La participation de 300 000 Canadiens a permis de rapporter 3 500 000 $ en l'honneur de Terry Fox. Un grand nombre de participants courent, font du jogging ou de la marche sur une distance de un à dix kilomètres. D'autres couvrent cette distance en patins à roulettes, à bicyclette, en canot, à la nage et en skis. Les contributions sont basées sur la participation et non sur la distance parcourue.

N'oublions pas le travail des organisateurs et bénévoles qui assurent tous les ans le succès de la Journée Terry Fox qui se tient le deuxième dimanche après la fête du Travail.

Terry Fox était un vaillant coureur. Il n'a pas terminé sa course puisque la route est interminable. Mais ce qui compte, c'est l'objectif qu'il s'est fixé et qu'il n'a jamais perdu de vue. L'important, c'est de courir avec courage et dignité, savoir profiter de chaque instant, rire des absurdités de la vie et compatir à la douleur humaine.

Globe & Mail, 1er juillet 1981

En groupes de deux ou trois, choisissez une des situations suivantes et créez une saynète originale.

Répétez et présentez votre saynète.

Saynète A: Travailler ou s'amuser?

▼ ▼

Rôles
- toi
- ton père ou ta mère
  etc.

Situations
- les tâches autour de la maison
- les sorties avec tes amis
  etc.

Saynète B: À la recherche d'un emploi

▼ ▼

Rôles
- toi
- l'employeur/l'employeuse
- Monsieur X, 65 ans, retraité
- Madame Y, mère de 3 enfants, très occupée
  etc.

Situations
- une offre d'emploi
- un travail bénévole
  etc.

POUR VOUS AIDER

Je m'appelle...

Je cherche un emploi/un travail.

Je suis fiable/un bon travaillant.

Où as-tu travaillé?

À la maison, c'est moi qui...

J'ai déjà travaillé à...

As-tu des références?

Quand es-tu disponible?

Je vous remercie, madame/monsieur...

etc.

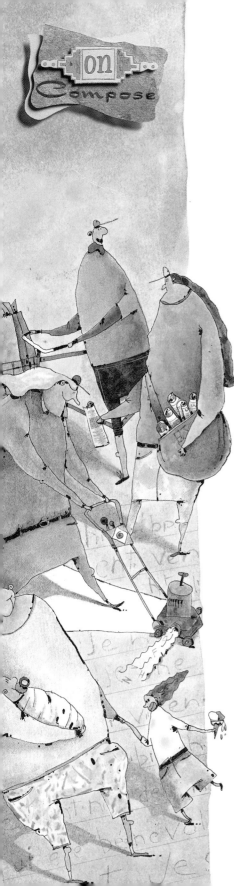

Un profil personnel

. . . .

Tu es à la recherche d'un travail à temps partiel. Prépare une annonce pour offrir tes services.

Trouve une façon originale d'illustrer ton profil personnel.

N'OUBLIE PAS...

▶ les services qui t'intéressent: garder les enfants, tondre la pelouse, faire des courses, sortir les ordures, livrer des dépliants/circulaires, etc.

▶ ton expérience dans le monde du travail

▶ cinq de tes qualités

▶ tes intérêts et passe-temps

▶ les heures que tu es disponible

▶ où et comment te contacter

Un article de journal

. . . .

Imagine que tu travailles comme bénévole pour une organisation de ton choix.

Écris un article pour le journal de ton école au sujet de ton expérience comme bénévole.

N'OUBLIE PAS...

▶ Où est-ce que tu travailles comme bénévole?

▶ Pourquoi as-tu choisi cette organisation?

▶ Avec qui est-ce que tu travailles?

▶ Combien d'heures/de jours par semaine travailles-tu?

▶ Quelles sont tes tâches?

▶ Est-ce que ton rôle est important? Pourquoi?

▶ Aimes-tu ton travail de bénévole? Pourquoi?

Le monde du travail

1 Dans le monde du travail, il faut noter que les noms de métiers et de professions ont le plus souvent une forme masculine et une forme féminine.

Lisez la liste des professions et faites attention aux changements des mots féminins.

masculin	féminin
un chimiste	une chimiste
un journaliste	une journaliste
un agent	une agente
un gérant	une gérante
un président	une présidente
un caissier	une caissière
un conseiller	une conseillère
un plombier	une plombière
un électricien	une électricienne
un mécanicien	une mécanicienne
un programmeur	une programmeuse
un vendeur	une vendeuse
un coordonnateur	une coordonnatrice
un directeur	une directrice
un ingénieur	une ingénieure
un professeur	une professeure

2 Expliquez comment se forme le féminin. Pouvez-vous trouver des règles?

3 Maintenant, cherchez dans le dictionnaire le féminin des professions suivantes.

a) camionneur   f) dentiste

b) chansonnier   g) dessinateur

c) coiffeur   h) docteur

d) commerçant   i) machiniste

e) cuisinier   j) technicien

4 Depuis quelques années, on essaie d'inclure la forme masculine et la forme féminine dans les textes et les conversations pour être équitable.

Lisez l'offre d'emploi suivante et récrivez-la, en incluant la forme féminine des mots.

VENDEUR

Temps partiel/temps plein

Le candidat doit posséder un certificat d'études secondaires. Il doit aussi avoir une année d'expérience dans le monde du travail.

Envoyez votre curriculum vitae à:

Madame Nathalie Labelle, gérant
Boutique Jeunesse
100, place Royale
Montréal (Québec)
H2G 4B7

L'environnement, c'est important

1 En groupes de deux, répondez aux questions suivantes.

   a) Est-ce que vous avez l'environnement à coeur? Justifiez votre réponse.

   b) Qu'est-ce que vous faites chez vous pour protéger l'environnement?

   c) Qu'est-ce qu'on fait à l'école?

2 Maintenant, avec un autre groupe, discutez des questions suivantes:

   a) Comme individu, qu'est-ce que vous pouvez faire face aux compagnies qui contribuent à la pollution?

   b) Comme groupe, qu'est-ce que vous pouvez faire face à ces compagnies?

3 Imaginez que le groupe Action-Verte organise une manifestation dans votre ville pour sensibiliser la population aux problèmes de l'environnement.

Créez trois pancartes qu'on porte pendant la manifestation. Pensez à des slogans qui riment.

Exemples

Polluer, c'est un péché!

La terre, c'est notre mère!

NOTIONS Importantes

Pour donner des ordres, on dit:

Michel, range ta chambre tout de suite!
David, aide Papa à préparer le souper!
Joël et Christine, faites le lavage, s'il vous plaît!
Henriette et André, emmenez Roger au parc!

Pour offrir des excuses, on dit:

Je ne peux pas. Je dois tondre la pelouse.
Je m'excuse, mais j'ai un projet de sciences à compléter.
Impossible! Nous avons rendez-vous avec le directeur.

Pour demander des renseignements personnels, on dit:

Pourquoi veux-tu travailler?
Quels sont tes intérêts?
Qui sont tes références?
Avec qui dois-je travailler?
Combien d'heures par semaine dois-je travailler?

Pour donner des renseignements, on dit:

J'ai déjà travaillé comme serveuse dans une pizzeria.
Je suis disponible seulement le samedi.

Pour parler de ses préférences, on dit:

À la maison, je n'aime pas sortir les ordures, je préfère passer
    l'aspirateur.
Je préfère faire mes devoirs tout de suite après les classes,
    ensuite, je peux regarder la télé.

Pour exprimer un choix personnel, on dit:

J'ai décidé de travailler à l'Agence Action-Verte parce que je
    veux contribuer à l'amélioration de l'environnement.
Je veux travailler au parc comme monitrice parce que je
    m'entends bien avec les jeunes enfants.

Mots UTILES

Description

actif / active
bénévole
chargé / chargée
conservateur / conservatrice
financier / financière
indispensable
maltraité / maltraitée
professionnel / professionnelle
sérieux / sérieuse

Identification

aide-mémoire (m)
bénévole (m/f)
boîte (f) de recyclage
centre (m) de recyclage
dirigeant (m) / dirigeante (f)
emploi (m)
ensemble (m)
entrevue (f)
facture (f)
informatique (f)
lavage (m)
lave-vaisselle (m)
lendemain (m)
ordures (f, pl)
salaire (m)
salle (f) d'urgence
sollicitation (f)
tâche (f)
travail (m) ménager
vaisselle (f)

Action

compter
contribuer (à)
emmener
étudier
payer
protéger
ranger
soigner
solliciter
vérifier

Expressions

Détends-toi!
Ne tardez pas!
N'hésitez pas!
On a besoin de vous!

faire de son mieux
faire du bénévolat
faire le ménage
mettre en valeur

à but non lucratif
à temps partiel
à temps plein

UNITÉ E

Nostalgie

Dans cette unité, tu vas pouvoir:

▼

parler des événements, des activités et de la mode du passé

▼

parler de la consommation

▼

exprimer une action et une description d'une certaine durée au passé

▼

parler d'une personne ou d'un objet sans le nommer

▼

exprimer ton opinion

▼

faire une comparaison

▼

persuader quelqu'un

▼

donner des conseils

127

Un coffre
au trésor

Denise Carrière choisit un dimanche après-midi pluvieux pour explorer le grenier de sa maison. À sa grande surprise, elle y trouve un véritable coffre au trésor. Elle montre sa découverte à son frère, Alex.

DENISE: Alex! viens vite! Regarde ce que j'ai trouvé au grenier!

ALEX: Tu plaisantes! Il n'y a rien d'intéressant ici — de vieux meubles, des boîtes en carton, de la poussière...

DENISE: Mais regarde dans cette vieille caisse! Il y a toute une collection de souvenirs que Maman et Papa gardent depuis très longtemps.

ALEX: Tu as raison! Voici de vieux disques du chanteur, Robert Charlebois. Tu sais que Maman et Papa l'adorent toujours. Voici des talons de billets pour un concert qu'il a donné le 28 juin 1967!

DENISE: Il y a aussi de vieux magazines, des bandes dessinées, un album de photos et des lettres. Que c'est romantique, Alex! Regarde! C'est une lettre de Papa à Maman.

Québec, le 27 juin 1966

Ma chère Catherine,

Sans toi, ce voyage n'a pas d'intérêt pour moi. La belle Citadelle— je la regarde, mais je pense à toi. Les beaux jardins— je les admire, mais je pense à toi. Le Musée du Fort— je le visite, mais je pense à toi. La vieille ville— je l'adore, mais je pense à toi. Gigi (notre guide)— je la regarde, mais je pense à toi. Heureusement, Gigi comprend mes sentiments. Alors je l'invite à souper ce soir. À bientôt, ma chérie! N'oublie pas— je pense toujours à toi!

Je t'embrasse tendrement,
Henri

Compréhension

1. Pourquoi Denise est-elle au grenier?

2. Quel temps fait-il ce jour-là?

3. Qui est avec Denise?

4. En groupes, dressez une liste des articles que Denise trouve dans la vieille caisse.

5. Trouvez des indications que la lettre de monsieur Carrière est romantique.

6. Dressez une liste des sites touristiques mentionnés dans la lettre.

Application

Écris une lettre semblable. Substitue des sites touristiques de ta ville ou d'une autre ville.

Expansion

1. Imagine une caisse de tes souvenirs que tes enfants vont trouver un jour. Qu'est-ce qu'ils vont y trouver?

2. Fais un collage de ces souvenirs et présente-le à ton ou ta partenaire.

131

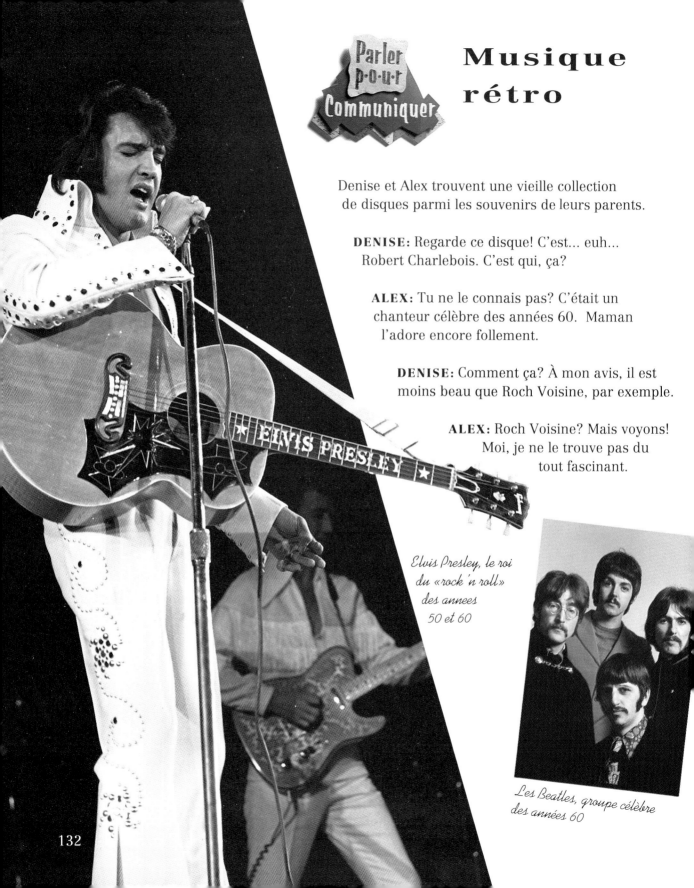

Musique rétro

Denise et Alex trouvent une vieille collection de disques parmi les souvenirs de leurs parents.

DENISE: Regarde ce disque! C'est... euh... Robert Charlebois. C'est qui, ça?

ALEX: Tu ne le connais pas? C'était un chanteur célèbre des années 60. Maman l'adore encore follement.

DENISE: Comment ça? À mon avis, il est moins beau que Roch Voisine, par exemple.

ALEX: Roch Voisine? Mais voyons! Moi, je ne le trouve pas du tout fascinant.

Elvis Presley, le roi du «rock'n roll» des années 50 et 60

Les Beatles, groupe célèbre des années 60

1 Regardez les chanteurs sur ces deux pages. Comparez ces chanteurs à vos chanteurs préférés.

POUR EXPRIMER UNE OPINION

À mon avis...

D'après moi...

Selon moi...

Je pense que...

etc.

POUR FAIRE UNE COMPARAISON

plus		attrayant/attrayante		
		beau/belle		
		charmant/charmante		
		doué/douée		
aussi	+	élégant/élégante	+	que...
		fascinant/fascinante		
moins		galant/galante		
		gentil/gentille		
		ravissant/ravissante		
		sensass		
		etc.		

Robert Charlebois, chanteur canadien des années 60 et 70

2 Parle d'une chanson que tu aimes beaucoup. Explique pourquoi tu aimes cette chanson.

POUR PARLER D'UNE CHANSON

C'est une chanson d'amour/rock/soul/etc. et j'aime ce genre de musique.

Le rythme/la mélodie/l'harmonie/etc. est excellent(e).

J'aime beaucoup les paroles/le message/ la qualité de la chanson.

Mireille Mathieu, chanteuse française des années 60

Le bon vieux Temps

NOTRE PREMIÈRE SORTIE EN 1965

ENFIN LE GRAND JOUR ARRIVE !
NOTRE MARIAGE, LE 18 SEPTEMBRE 1971.

134

ON SE MARIE DANS LE CHAMP
DE L'ONCLE GILBERT

LA VOITURE SPORT
DES NOUVEAUX MARIÉS

ON ÉTAIT JEUNE ET HEUREUX!

135

Le bon vieux temps

DENISE: Maman! Papa! regardez! J'ai trouvé ce vieil album de photos dans une caisse au grenier.

ALEX: Papa, cette photo de toi et Maman — c'était en quelle année?

PAPA: Oh voyons! c'était en 1965. C'était notre première sortie. On est allé au concert des Beatles. J'étais très nerveux.

MAMAN: Et moi, je ne t'aimais pas beaucoup. Tu avais l'air un peu snob.

DENISE: Heureusement tes sentiments ont changé, Maman. Hé! voici des photos de votre mariage. Maman, regarde la robe que tu portais — une mini-jupe! Quelle horreur!

MAMAN: C'est drôle maintenant, mais à l'époque tout le monde les portait, même pour se marier.

ALEX: Et Papa avait les cheveux jusqu'aux épaules — et il portait un collier!

DENISE: Et quelle drôle de cérémonie! Où est-ce que vous étiez?

MAMAN: On aimait tous les deux la nature. Alors, on voulait se marier en plein air. C'était un champ à la ferme de mon oncle. Malheureusement, il ne faisait pas très beau ce jour-là. Les invités avaient tous froid, comme vous le voyez.

PAPA: Et ici on partait en voyage de noces. Je conduisais ma nouvelle voiture sport. J'adorais cette auto!

MAMAN: Henri! cette affreuse auto! Il n'y avait pas assez de place pour les valises! Alors, je devais porter tous mes vêtements dans un sac à dos.

DENISE: Ah, que vous aviez l'air jeunes et heureux!

PAPA: Oui, naturellement. C'était avant l'arrivée des enfants!

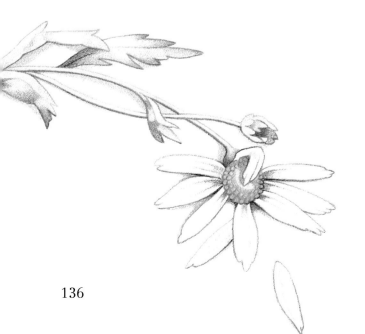

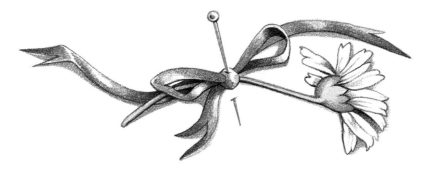

Compréhension

Indique si les phrases sont vraies ou fausses. Corrige les phrases fausses.

1. Pour leur première sortie, les Carrière sont allés à un concert d'Elvis Presley.

2. En 1965 madame Carrière adorait déjà son futur mari.

3. La cérémonie de mariage des Carrière n'était pas traditionnelle.

4. Les invités avaient froid parce que la cérémonie était en plein air.

5. Madame Carrière aimait la voiture sport de son mari.

6. Dans les vieilles photos, les Carrière avaient l'air heureux.

Application

Choisis une sélection de vieilles photos de ta mère, de ton père ou d'un autre membre de ta famille.

Décris les photos, en répondant aux questions suivantes.

- C'était en quelle année?
- Où était-il/elle?
- Qu'est-ce qu'il/elle portait?
- Comment était-il/elle?

Expansion

Fais un mini-sondage sur les préférences des adultes quand ils étaient jeunes.

1. Pose les questions suivantes à trois adultes.

   a) Quels musiciens est-ce que vous aimiez?

   b) Quelles vedettes de cinéma est-ce que vous admiriez?

   c) Quelle voiture est-ce que vous conduisiez?

   d) Quels vêtements étaient chic?

   e) Comment portiez-vous vos cheveux?

2. Prépare un tableau avec tes résultats.

3. Compare tes résultats aux résultats des autres membres de la classe.

- fréquenter les ciné-parcs
- protester contre la guerre
- jouer de la guitare dans la rue
- écrire des poèmes
- vendre des fleurs
- jouer au cerceau
- danser le «twist»

1 En petits groupes, décidez ce qu'on faisait dans les images. Utilisez les expressions de la liste.

2 Imaginez pourquoi on faisait les activités de la liste.

POUR VOUS AIDER

pour s'amuser

pour s'exprimer

pour être différents

etc.

3 Demandez à vos parents ce que faisait leur génération pour s'exprimer. Partagez vos listes en classe.

4 Identifiez les activités typiques de votre génération.

5 Quelles activités dans les photos associe-t-on à la vie d'un «hippy»?

Quelques caractéristiques des hippies:
- on parlait de paix et d'amour
- on se passionnait pour les fleurs et la nature
- on aimait jouer de la musique
- on voulait explorer le monde
- on adorait discuter avec des amis

6 Quelles caractéristiques des hippies est-ce que tu admires? Pourquoi?

7 En groupes, faites un tableau pour comparer les activités des hippies et les activités des jeunes d'aujourd'hui.

Jeunesse Mag célèbre son passé

Incroyable, mais vrai! *Jeunesse Mag* **célèbre son trentième anniversaire! Sais-tu ce qui se passait quand tes parents étaient jeunes? Retournons dans le passé en 1967 et 1976 – deux années inoubliables!**

1 9 6 7

Le Canada fêtait son centenaire. Tout le monde était fier et optimiste. À Montréal, Expo 67 attirait des millions de visiteurs du monde entier. Lester B. Pearson était le premier ministre du Canada.

Les jeunes écoutaient «Mon pays» de Gilles Vigneault et «Sgt. Pepper's Lonely Hearts Club Band» des Beatles. Les festivals de musique étaient très populaires. Des milliers de jeunes assistaient à ces festivals

qui duraient des fins de semaine entières.

On portait des mini-jupes, des pantalons à pattes d'éléphant, des bottes cosaques et des vêtements de coton indien. On imitait les couturiers de la rue Carnaby en Angleterre et le style du fameux couturier français Courrèges.

1 9 7 6

Pierre Trudeau était le Premier Ministre du Canada et René Lévesque, chef du Parti québécois, était le Premier Ministre du Québec. Le bilinguisme et l'unité nationale étaient des idées très discutées dans tout le pays.

Les Jeux olympiques ont eu lieu à Montréal.

La musique «disco» était populaire. Tout le monde prenait des leçons de danse et imitait le style des vedettes du disco.

C'était la fin de l'époque de la grosse voiture américaine. Les petites voitures japonaises devenaient de plus en plus populaires.

Quelques prix intéressants:
- un disque coûtait 5,99 $
- des jeans Levi coûtaient 12,99 $
- une voiture moyenne coûtait 5 000 $
- un hamburger coûtait 59 ¢

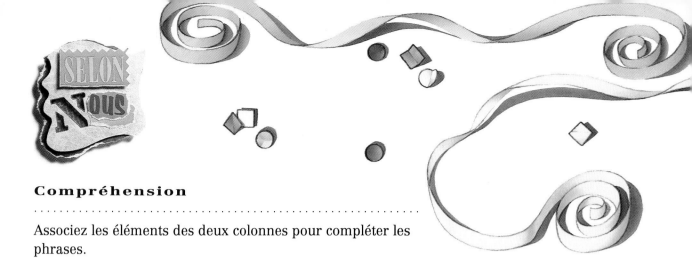

Compréhension

Associez les éléments des deux colonnes pour compléter les phrases.

1. 1967 et 1976 ont été

2. En 1967, le Canada fêtait

3. Des festivals de musique

4. On imitait le style du

5. En 1976, René Lévesque était

6. Tout le monde prenait des leçons de danse et imitait le style

7. Les petites voitures japonaises

a) des vedettes du disco

b) duraient des fins de semaine entières

c) deux années inoubliables

d) chef du Parti québécois

e) devenaient de plus en plus populaires

f) son centenaire

g) couturier français, Courrèges

Expansion

Retournez dans votre passé. Choisissez une année et discutez des sujets suivants:

- une vedette populaire
- un genre de musique populaire
- un vêtement à la mode
- un film intéressant
- une émission préférée
- le prix de certains articles

Souvenirs des années 60

3150 $

Coton
3,98 $

J.C. Higgins

VALEUR
★★★ 4 ÉTOILES ★★★
SIMPSONS-SEARS

Quelle aubaine!
VALEUR 4 ÉTOILES . . . Protège-tendon renforcé fibre . . . contre-fort longue fibre . . . bout double . . . lame en acier trempé nickelé . . . le tout au prix de

12,98 $

142

143

La consommation:
hier et aujourd'hui

1 En groupes de deux, regardez les articles aux pages précédentes. Décrivez ces articles.

POUR PARLER DU PASSÉ

C'était... On conduisait...

Ça coûtait... On achetait...

On portait... *etc.*

2 Comparez les prix des articles aux prix d'aujourd'hui.

POUR PARLER DES PRIX

C'est plus/moins cher que... C'est dispendieux.*

C'est le même prix. C'est une aubaine.

Ça coûte les yeux de la tête.* *etc.*

3 Discutez des ressemblances et différences entre les consommateurs du passé et les consommateurs d'aujourd'hui.

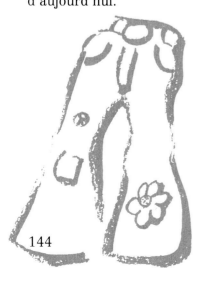

POUR VOUS AIDER

On ne payait pas d'impôt/de taxe/d'assurance-chômage/ de T.P.S.**

On gagnait moins/plus d'argent.

Il y avait un seul revenu/il n'y avait pas deux revenus par famille.

Les articles coûtaient plus/moins cher.

etc.

* expressions canadiennes pour décrire un article cher

** taxe sur les produits et services

4 Trouvez une réclame pour un article de votre choix.

Jouez le rôle du vendeur et de l'acheteur de ce produit. Vous devez persuader votre partenaire de l'acheter.

Ensuite, changez de rôles.

POUR PERSUADER QUELQU'UN

absolument indispensable

à un prix incroyable

offre spéciale

Achetez maintenant et payez dans trois mois.

Nous payons la T.P.S.

5 En petits groupes, préparez un tableau des articles les plus populaires aujourd'hui: vêtements, voitures, appareils de musique, jeux, etc.

Exemple

Catégorie : vêtements			
article	marque	prix	qualité
jeans souliers de sport			

6 Présentez votre tableau à un autre groupe. Mentionnez la marque, le prix et la qualité de chaque article.

Parler p·o·u·r Communiquer

Le budget de Sébastien

Mes dépenses pour le mois de mai 1976

Alimentation

À la cafétéria	hamburger, frites + lait (1,45 $) (1 fois par semaine)	5,80
	jus de fruits (0,30 $) (3 fois par semaine)	3,60
Au dépanneur	Coke et croustilles (0,60 $) (2 fois par semaine)	4,80
Au cinéma	maïs soufflé pour deux Coke pour deux (1 fois par mois)	1,70

SOUS-TOTAL 15,90 $

Transport

Autobus (0,35 $)	à l'école (10 billets par semaine)	14,00
	en ville (2 billets par semaine)	2,80

SOUS-TOTAL 16,80 $

Activités

Cinéma avec Lucie, 2 billets	4,50
Danse de l'école, 2 billets	3,00

SOUS-TOTAL 7,50 $

Articles divers

Magazines	(On y va!, Jeunesse Mag)	2,30
Vêtements	jeans	20,00

SOUS-TOTAL 22,30

TOTAL $

146

1 Regardez le tableau de dépenses de Sébastien pour le mois de mai 1976.

Faites le total de ses dépenses pour le mois.

2 Sébastien travaillait à temps partiel. Il gagnait 18 $ par semaine. Il voulait mettre 15 $ par mois à la banque pour faire des économies.

Donc, combien d'argent devait-il demander à ses parents pour l'aider?

3 Imaginez que vous êtes les parents de Sébastien.

Est-ce que vous allez lui donner de l'argent pour l'aider?

Quels conseils lui donnez-vous?

POUR DONNER DES CONSEILS

Tu dois travailler plus/dépenser moins/éviter de trop dépenser/etc.

Pour cette fois, nous pouvons...

La prochaine fois, nous n'allons pas...

Fais attention à...

Économise ton argent!

4 Refaites le budget de Sébastien avec les prix d'aujourd'hui.

Selon votre nouveau budget, combien d'argent dépense-t-il par mois?

5 Maintenant, prépare ton propre budget pour un mois.

Discute de ton budget avec ton ou ta partenaire.

MONTRÉAL 1992
350 ANS

SALUT

MONTRÉAL

En 1992, Montréal célébrait le 350e anniversaire de sa fondation. Trois siècles et demi d'histoire ont fait de Montréal une ville généreuse, ardente et intense. Un programme spectaculaire d'activités, de festivals, de fêtes populaires et d'événements internationaux faisait vivre la ville au rythme de la fête.

ET LA

LES GRANDS MOMENTS DE 1992

Du 15 au 18 mai: La fête historique. L'ouverture des célébrations sera soulignée par plusieurs événements-spectacles dans le Vieux-Port et le Vieux-Montréal et par la tenue d'une grande exposition, «Montréal d'hier à demain», dans plusieurs musées de la ville, dédiée à la mémoire de ceux et celles qui ont fondé Montréal. **Du 24 juillet au 8 août: Les 350 heures de Montréal.** Le coeur de la fête.

148

Deux semaines passionnantes de festivités dans un décor extérieur à couper le souffle. Montréal sera l'hôte de grands événements dans tous les secteurs de la création artistique. **Du 10 au 12 octobre: La fête internationale**. Ces festivités coïncideront avec le 500e anniversaire de l'arrivée de Christophe Colomb en Amérique.

Précédant ces 150 jours de célébrations, en janvier 1992, se tiendra la **Ve Biennale internationale des villes d'hiver** qui prévoit en plus d'un congrès et d'une conférence des maires des villes nordiques, une édition spéciale de la **Fête des neiges**, un concours international et une exposition **Vivre en harmonie avec l'hiver.**

· · ·

LES ÉVÉNEMENTS ANNUELS

L'International Benson & Hedges Mai et juin: La plus importante compétition pyrotechnique internationale regroupant des participants d'Amérique, d'Europe et d'Asie. Spectaculaire! **Le Tour de l'île de Montréal** Juin: Le plus grand rassemblement de cyclistes au monde. **Le Grand Prix Molson** Juin: L'une des prestigieuses courses automobile de Formule 1. **Le Festival international de Jazz de Montréal** Juin et juillet: Plus de 1 500 musiciens, 600 spectacles en salle et sur scènes extérieures, 1 000 000 d'admirateurs! Le plus grand festival de jazz en Amérique du Nord. **Le Festival Juste pour rire** Juillet: Festival unique dédié à l'humour et à la comédie. **Le Challenge Player's Ltée** Juillet et août: Championnats de tennis professionnel. **Le Festival des Films du monde** Août et septembre: Un festival envié de toute l'Amérique du Nord. **Le Marathon international de Montréal** Septembre: Un grand marathon populaire à travers les rues de Montréal. **Le Festival international de musique de Montréal** Septembre: Activités pédagogiques, concerts, récitals et conférences - pour les passionnés de grande musique! **Le Grand Prix cycliste des Amériques** Septembre: Dans les rues de Montréal, le seul Grand Prix cycliste d'Amérique du Nord. **Le Festival international du nouveau cinéma et de la vidéo de Montréal** Octobre: La plus ancienne manifestation de cinéma d'avant-garde et de la vidéo au Canada.

En groupes de deux ou trois, choisissez une des situations suivantes et créez une saynète originale.

Répétez et présentez votre saynète.

Saynète A: Voici votre vie !

Rôles
- l'animateur/l'animatrice
- toi
- ton copain/ta copine
- ton/ta prof
- tes parents
- des personnes importantes dans ta/sa/leur vie

Situation
- une célébration des événements importants dans la vie de...

Saynète B: Quand j'étais jeune...

Rôles
- toi
- ton père/ta mère/ton grand-père/ta grand-mère

Situation
- une conversation entre deux générations

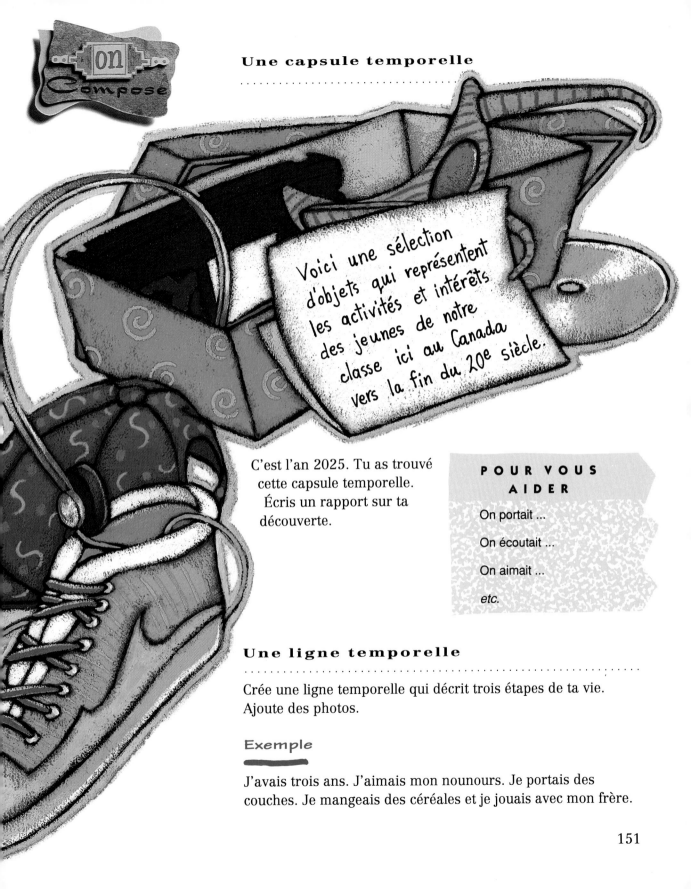

Une capsule temporelle

Voici une sélection d'objets qui représentent les activités et intérêts des jeunes de notre classe ici au Canada vers la fin du 20e siècle.

C'est l'an 2025. Tu as trouvé cette capsule temporelle. Écris un rapport sur ta découverte.

Une ligne temporelle

Crée une ligne temporelle qui décrit trois étapes de ta vie. Ajoute des photos.

Exemple

J'avais trois ans. J'aimais mon nounours. Je portais des couches. Je mangeais des céréales et je jouais avec mon frère.

Aspects de la langue

1 Lisez les phrases suivantes. Associez les expressions utilisées au Canada aux expressions du français standard.

Le français du Canada

1. Mon ami pense qu'il peut travailler toute l'année sans aller en vacances. **Ça n'a pas de bon sens.**

2. Je recevais toujours de mauvaises notes en maths. **J'avais de la misère** à faire mes travaux.

3. Marisa se plaint toujours. Franchement, elle m'énerve. **Je suis tanné** de l'entendre.

4. C'est la cinquième fois en cinq minutes que je tombe. **J'ai mon voyage.** Je ne suis pas skieur.

5. Non, non, restez assis. **C'est correct**.

Le français standard

a) Pour moi, le base-ball est un sport difficile. **J'ai du mal à** frapper la balle.

b) Tiens! Tu fais le travail de tes amis. **Ce n'est pas possible!**

c) Le chien du voisin a jappé toute la nuit. **J'en ai marre.**

d) S'il vous plaît. **Ça va.** Je reste debout.

e) J'ai oublié mes devoirs encore une fois! **Je n'en reviens pas!**

2 Que signifient les expressions suivantes:

a) C'est dégueulasse!

b) Il est vite sur ses patins!

c) Tu es niaiseux/niaiseuse.

d) Lâche pas la patate!

Illustrez deux de ces expressions.

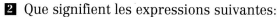

Exemple

C'est dégueulasse!

Regards sur le passé

1 Discutez des événements suivants. Dans quelle année a eu lieu chaque événement? Choisissez une date de la liste au bas de la page. Vérifiez à la bibliothèque si nécessaire.

a) L'assassinat du président Kennedy à Dallas.

b) La crise d'octobre au Québec.

c) L'atterrissage du premier homme sur la Lune.

d) Le couronnement de la Reine Élisabeth II.

e) Le centenaire du Canada.

f) Les assassinats de Martin Luther King et de Bobby Kennedy.

g) La crise d'Oka, et l'invasion du Koweït.

h) La fin de la guerre du Viêt-nam.

i) Les Jeux olympiques à Montréal, et le Parti québécois au pouvoir au Québec.

2 Maintenant, imaginez que ces événements viennent de se passer.

Organisez des bulletins pour chaque événement et préparez des annonces pour la radio.

POUR VOUS AIDER

Un flash vient de nous arriver!

J'ai le regret/la joie de vous annoncer...

Quel jour de tristesse/de joie!

Exemple

Un flash vient de nous arriver! J'ai le regret de vous annoncer l'assassinat du président Kennedy à Dallas.

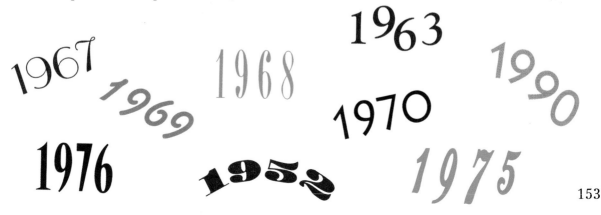

1967 1969 1968 1963 1990 1970 1976 1952 1975

Pour exprimer une action d'une certaine durée au passé, on dit:

Tous les jeunes jouaient au cerceau.
On assistait à des festivals de musique en plein air.
Mon père conduisait sa nouvelle voiture sport.
Je n'aimais pas beaucoup la musique classique.
Portais-tu une mini-jupe?

Pour exprimer une description d'une certaine durée au passé, on dit:

La voiture de mon père était extraordinaire.
À notre première sortie, Paul était très nerveux.
D'après mes parents, les années 70 étaient amusantes, intéressantes et dynamiques.

Pour parler d'une personne ou d'un objet sans le nommer, on dit:

La province de Québec? J'aime la visiter avec mes amis pour pratiquer mon français.
Le chanteur québécois Gilles Vigneault? Je ne le connais pas.
Les activités bizarres de mes parents? Je les trouve fascinantes!

Pour exprimer une opinion, on dit:

D'après moi, les activités de ma génération sont différentes.
À mon avis, ce film était super intéressant!
Je pense que les années 90 sont fantastiques!

Pour faire une comparaison, on dit:

En 1976, une auto coûtait moins cher qu'aujourd'hui.
Aujourd'hui les jeans Levi coûtent plus cher qu'en 1970.

Pour persuader quelqu'un, on dit:

Achetez maintenant, et payez dans trois mois!
À l'achat d'une paire de jeans, on vous donne un T-shirt gratuit.

Pour donner des conseils, on dit:

Tu dois dépenser moins d'argent chez le dépanneur.
Économise ton argent!

Description

entier / entière
fier / fière
incroyable
pluvieux / pluvieuse
véritable

Identification

bottes (f) cosaques
caisse (f)
carton (m)
coffre (m) au trésor
collier (m)
coton (m) indien
couturier (m) / couturière (f)
époque (f)
grenier (m)
mariage (m)
meuble (m)
pantalon (m) à pattes d'éléphant
poussière (f)
sac (m) à dos
talon (m)
valises (f, pl)
voyage (m) de noces

Action

assister (à)
attirer
comprendre
coûter
devenir
durer
embrasser
se marier
plaisanter

Expressions

Il n'y a rien...
Sans toi,...

avoir l'air snob

follement
heureusement
malheureusement
tendrement

en plein air

Les verbes

Verbes réguliers

Présent	Impératif	Passé composé	Imparfait

-ER
jouer

Présent	Impératif	Passé composé	Imparfait
je joue		j'ai joué	je jouais
tu joues	joue	tu as joué	tu jouais
il, elle, on joue		il, elle, on a joué	il, elle, on jouait
nous jouons	jouons	nous avons joué	nous jouions
vous jouez	jouez	vous avez joué	vous jouiez
ils, elles jouent		ils, elles ont joué	ils, elles jouaient

-IR
choisir

Présent	Impératif	Passé composé	Imparfait
je choisis		j'ai choisi	je choisissais
tu choisis	choisis	tu as choisi	tu choisissais
il, elle, on choisit		il, elle, on a choisi	il, elle, on choisissait
nous choisissons	choisissons	nous avons choisi	nous choisissions
vous choisissez	choisissez	vous avez choisi	vous choisissiez
ils, elles choisissent		ils, elles ont choisi	ils, elles choisissaient

-RE
vendre

Présent	Impératif	Passé composé	Imparfait
je vends		j'ai vendu	je vendais
tu vends	vends	tu as vendu	tu vendais
il, elle, on vend		il, elle, on a vendu	il, elle, on vendait
nous vendons	vendons	nous avons vendu	nous vendions
vous vendez	vendez	vouz avez vendu	vous vendiez
ils, elles vendent		ils, elles ont vendu	ils, elles vendaient

Présent	Impératif	Passé composé	Imparfait
avoir			
j'ai		j'ai eu	j'avais
tu as	aie	tu as eu	tu avais
il, elle, on a		il, elle, on a eu	il, elle, on avait
nous avons	ayons	nous avons eu	nous avions
vous avez	ayez	vous avez eu	vous aviez
ils, elles ont		ils, elles ont eu	ils, elles avaient
être			
je suis		j'ai été	j'étais
tu es	sois	tu as été	tu étais
il, elle, on est		il, elle, on a été	il, elle, on était
nous sommes	soyons	nous avons été	nous étions
vous êtes	soyez	vous avez été	vous étiez
ils, elles sont		ils, elles ont été	ils, elles étaient
faire			
je fais		j'ai fait	je faisais
tu fais	fais	tu as fait	tu faisais
il, elle, on fait		il, elle, on a fait	il, elle, on faisait
nous faisons	faisons	nous avons fait	nous faisions
vous faites	faites	vous avez fait	vous faisiez
ils, elles font		ils, elles ont fait	ils, elles faisaient

	acheter	aller	connaître	devoir
Présent	j'achète	je vais	je connais	je dois
	tu achètes	tu vas	tu connais	tu dois
	il, elle, on achète	il, elle, on va	il, elle, on connaît	il, elle, on doit
	nous achetons	nous allons	nous connaissons	nous devons
	vous achetez	vous allez	vous connaissez	vous devez
	ils, elles achètent	ils, elles vont	ils, elles connaissent	ils, elles doivent
Passé composé	j'ai acheté	je suis allé(e)	j'ai connu	j'ai dû
Imparfait	j'achetais	j'allais	je connaissais	je devais

	dire	écrire	lire	mettre
Présent	je dis	j'écris	je lis	je mets
	tu dis	tu écris	tu lis	tu mets
	il, elle, on dit	il, elle, on écrit	il, elle, on lit	il, elle, on met
	nous disons	nous écrivons	nous lisons	nous mettons
	vous dites	vous écrivez	vous lisez	vous mettez
	ils, elles disent	ils, elles écrivent	ils, elles lisent	ils, elles mettent
Passé composé	j'ai dit	j'ai écrit	j'ai lu	j'ai mis
Imparfait	je disais	j'écrivais	je lisais	je mettais

	partir	pouvoir	prendre	sortir
Présent	je pars	je peux	je prends	je sors
	tu pars	tu peux	tu prends	tu sors
	il, elle, on part	il, elle on peut	il, elle, on prend	il, elle, on sort
	nous partons	nous pouvons	nous prenons	nous sortons
	vous partez	vous pouvez	vous prenez	vous sortez
	ils, elles partent	ils, elles peuvent	ils, elles prennent	ils, elles sortent
Passé composé	je suis parti(e)	j'ai pu	j'ai pris	je suis sorti(e)
Imparfait	je partais	je pouvais	je prenais	je sortais

	venir	voir	vouloir	
Présent	je viens	je vois	je veux	
	tu viens	tu vois	tu veux	
	il, elle, on vient	il, elle, on voit	il, elle, on veut	
	nous venons	nous voyons	nous voulons	
	vous venez	vous voyez	vous voulez	
	ils, elles viennent	ils, elles voient	ils, elles veulent	
Passé composé	je suis venu(e)	j'ai vu	j'ai voulu	
Imparfait	je venais	je voyais	je voulais	

Observations grammaticales

I. Pour former le passé composé des verbes transitifs

A à l'affirmatif

sujet	+	avoir	+	participe passé des verbes réguliers	ou	participe passé des verbes irréguliers
		ai				
		as		regardé		fait
		a		fini		vu
		avons		vendu		
		avez				
		ont				

Exemples J'ai regardé le film. Vous avez fini le travail. Ils ont fait le jardinage.

B au négatif

sujet + **n'** + avoir + **pas** + participe passé

Exemples Tu n'as pas vendu ta moto. Nous n'avons pas vu l'émission.

C à l'interrogatif (avec l'inversion)

avoir + sujet + participe passé

ai-je
as-tu
a-t-il
a-t-elle
avons-nous
avez-vous
ont-ils
ont-elles

Exemples As-tu parlé à ton ami? A-t-elle choisi un film d'épouvante?

D avec un adverbe

sujet + avoir + adverbe + participe passé

Exemples Il a bien travaillé. Nous avons beaucoup admiré cet acteur.

II. Pour former le passé composé des verbes intransitifs

A à l'affirmatif

sujet + être + participe passé (+ accord)

suis	allé
es	venu
est	sorti
sommes	né
êtes	*etc.*
sont	

Exemples

Je suis allé(e) à Montréal.
Il est sorti à huit heures.
Elle est retournée trop tard.
Nous sommes arrivés avec nos amis.

B au négatif

sujet + ne + être + pas + participe passé (+ accord)
     n'

Exemples

Tu n'es pas parti?
Elles ne sont pas venues.

C à l'interrogatif

être + sujet + participe passé (+ accord)

Exemples

Êtes-vous montés au mont Whistler?
Sont-ils tombés?

III. Verbes qui prennent des prépositions

A verbes + préposition *à* + verbe à l'infinitif

commencer à
continuer à

Exemples

Il a commencé à travailler.
J'ai continué à répondre.

B verbes + prépositon *à* + nom

à, au, à la, à l'
aux

assister à
contribuer à
participer à
répondre à
téléphoner à

Exemples

Paul a téléphoné à son ami.
Nous avons assisté au concert.
Ils ont toujours participé à la compétition.

C verbes + préposition *de* + verbe à l'infinitif

accepter de
avoir besoin de
avoir envie de
avoir l'intention de
décider de
essayer de
refuser de

Exemples

J'essaie de faire de mon mieux.
Il a refusé de participer.
On a besoin d'étudier.

IV. Pour former le comparatif

A des adjectifs

plus	+	adjectifs	(+ que)
moins			
aussi			

beau/belle
grand/grande
intéressant/
intéressante
petit/petite
etc.

Exemples

Mon ami est plus grand que moi.
Elles sont moins populaires.

Exception

bon/bonne → plus bon/bonne → meilleur/meilleure

Exemple

Ma bicyclette est meilleure.

B des adverbes

plus	+	adverbes	(+ que)
moins			
aussi			

lentement
clairement
vite
etc.

Exemples

Elle parle plus lentement que lui.
Nous marchons aussi vite.

Exception

bien → plus bien → mieux

Exemple

Il travaille mieux que sa soeur.

V. Pour former le superlatif

A des adjectifs qui précèdent le nom

le	+	plus	+	adjectifs	(+ accord)	+	nom
la		moins					
les							

beau
grand
petit
etc.

Exemples

C'est le plus grand garçon de l'équipe.
C'est la plus belle province du pays.

Exception

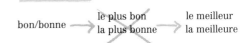

bon/bonne → le plus bon / la plus bonne → le meilleur / la meilleure

Exemple

C'est la meilleure école de l'année.

B des adjectifs qui suivent le nom

nom	+	le	+	plus	+	adjectifs	(+ accord)
		la		moins			
		les					

fascinant
important
intéressant
etc.

Exemples

C'est l'émission la plus intéressante de l'année.
Ce sont les chansons les plus populaires de la semaine.

VI. Pour utiliser les pronoms

A la position des pronoms objets *me, te, nous, vous*

sujet + pronom objet + verbe

Exemples

Il me taquine.
On vous répond.

sujet + verbe + pronom objet + verbe à l'infinitif

Exemples

Je vais te parler.
Nous aimons vous aider.

B les pronoms objets avec les verbes *demander* et *dire*

sujet + pronom objet + demander + de + infinitif
                        dire
        me
        te
        nous
        vous

Exemples

Il me demande de faire le travail.
Je vous dis de parler plus clairement.

C les pronoms objets *le, la, l', les*

Exemples

Elle l'aime.
Nous la voyons.
Je vais le faire.
Tu aimes les écouter.

D les pronoms accentués *moi, toi, lui, elle, nous, vous, eux, elles*

À remarquer

C'est + pronom + qui + verbe qui s'accorde avec
      accentué   le pronom

Exemples

C'est moi qui vais au bureau.
C'est vous qui faites le souper.

VII. Pour former l'impératif

présent	impératif
tu joues	Joue!
nous jouons	Jouons!
vous jouez	Jouez!
tu choisis	Choisis!
tu vends	Vends!

VIII. Pour former l'imparfait

radical du verbe avec nous au présent + terminaisons

nous regardons	ais
nous finissons	ais
nous vendons	ait
nous devons	ions
nous faisons	iez
nous allons	aient

Exemples

Je regardais toujours les vieux films.
Tu finissais toujours tes devoirs.
Il vendait des fleurs.
Nous allions chez nos amis.
Vous deviez le faire.
Ils faisaient le ménage.

Exception

être → nous sommes → j'étais, tu étais, *etc.*

Exemples

J'étais en retard.
Vous étiez méchants.

Lexique

accepter to accept

accord *m.* agreement; **être d'accord** to agree

accueil *m.* welcome, reception

accueillir to welcome

acheteur *m.*, **acheteuse** *f.* buyer

acquérir to acquire; **acquérir de l'expérience** to gain experience

acteur *m.*, **actrice** *f.* actor, actress; **acteur, actrice de soutien** supporting actor, actress

actif, active active

admirateur *m.*, **admiratrice** *f.* admirer, fan

admissible eligible

adorer to adore

affaire *f.* business, matter; **c'est mon affaire** it's my business

affiche *f.* poster; **films maintenant à l'affiche** movies now playing

affreux, affreuse awful, horrible

afin de in order to

âge *m.* age; **à l'âge de** at the age of

agent *m.*, **agente** *f.* agent, officer

aide-mémoire *m.* reminder

air *m.* look, air; **avoir l'air snob** to look like a snob; **avoir l'air heureux** to look happy

alimentation *f.* diet; food

aller to go

amélioration *f.* improvement

améliorer to improve

ami *m.*, **amie** *f.* friend; **petit ami** boyfriend; **petite amie** girlfriend

amitié *f.* friendship

amoureux, amoureuse in love; **être amoureux de** to be in love with

amusant(e) fun, amusing

amuser to amuse; **s'amuser** to have fun

animateur *m.*, **animatrice** *f.* TV show host; master of ceremonies

appareil *m.* device, appliance; **qui est à l'appareil?** who's calling?

appel *m.* call; **faire appel à** to appeal to, to call on

apprendre to learn

arbitre *m.* referee, umpire

ardent(e) passionate

arrivée *f.* arrival

arriver to arrive; **arriver à** to reach, to attain

aspirateur *m.* vacuum cleaner; **passer l'aspirateur** to do the vacuuming

assister to assist; **assister à** to attend, to go to

athlétisme *m.* track and field

attendre to wait

atterrissage *m.* landing

attirer to attract

aubaine *f.* bargain

avancé(e) advanced

avis *m.* opinion; **à mon avis** in my opinion

avoir to have; **avoir besoin de** to need; **avoir envie de** to want; **en avoir marre** to be fed up; **avoir raison** to be right

avouer to admit, to confess

ballon *m.* ball; **ballon-balai** *m.* broomball; **ballon-panier** *m.* basketball; **ballon-volant** *m.* volleyball

bande *f.* tape; **bande dessinée** *f.* comic strip; **bande vidéo** videotape

base de plein air *f.* outdoor education centre

bénévolat *m.* volunteer work; **faire du bénévolat** to do volunteer work

bénévole *m.*, *f.* volunteer; **travail bénévole** volunteer work

bibliothèque *f.* library

bien well; **bien sûr** of course; **bien-être** *m.* well-being

billet *m.* ticket

bois *m.* wood

botte *f.* boot; **bottes cosaques** cossack boots

boucle *f.* buckle, loop; **boucle d'oreille** earring

boulanger *m.*, **boulangère** *f.* baker; **aide-boulanger** assistant baker

boulangerie *f.* bakery

boxe *f.* boxing

bricolage *m.* crafts

brosse *f.* brush; **brosse à dents** toothbrush

bûcheron *m.* lumberjack

bulletin *m.* bulletin; newsletter; report card; **bulletin de nouvelles** news bulletin

caisse *f.* large box

caissier *m.*, **caissière** *f.* cashier

camionneur *m.*, **camionneuse** *f.* truck driver

camp *m.* camp; **camp d'été, camp de vacances** summer camp

campagne *f.* country; campaign

canot *m.* canoe; **faire du canot** to go canoeing

carrière *f.* career; **faire carrière dans** to make one's career in

carte *f.* card; **carte de voeux** greeting card

carton *m.* cardboard

célèbre well-known

célébrer to celebrate

centenaire *m.* centennial

centre *m.* centre; **centre commercial** shopping centre, mall; **centre communautaire** community centre; **centre sportif** sports centre

cependant however

cerceau *m.* hoola-hoop

cercle *m.* club; circle

certificat *m.* certificate; **certificat d'études secondaires** secondary school certificate

chaîne *f.* channel; chain

chaleureux, chaleureuse warm

champ *m.* field

chance *f.* chance, opportunity

chanceux *m.*, **chanceuse** *f.* lucky person

chanson *f.* song

chansonnier *m.*, **chansonnière** *f.* composer/singer

chanteur *m.*, **chanteuse** *f.* singer

chargé(e) loaded

charmant(e) charming

chasse *f.* hunting, hunt; **chasse au trésor** treasure hunt

cheminement *m.* development, course

chevalier *m.* knight

cheveux *m. pl.* hair

chimiste *m., f.* chemist

choisir to choose

chômage *m.* unemployment; **assurance-chômage** *f.* unemployment insurance

ci-dessous below

cinéma *m.* movie theatre, cinema

ciné-parc *m.* drive-in

cinéphile *m., f.* film enthusiast

clé *f.* key

clôturer to enclose; to close

club *m.* club; **club social** social club

coeur *m.* heart; **avoir quelque chose à coeur** to take something to heart

coffre *m.* chest; **coffre au trésor** treasure chest

coiffeur *m.,* **coiffeuse** *f.* hairdresser

coiffure *f.* hairstyle

collier *m.* necklace, chain

Colombie-Britannique *f.* British Columbia

comédie *f.* comedy; **comédie de situation** situation comedy; **comédie musicale** musical

comédien *m.,* **comédienne** *f.* actor, actress; comedian, comedienne

commander to order

commerçant *m.,* **commerçante** *f.* shopkeeper

compagnie *f.* company; **tenir compagnie à quelqu'un** to keep someone company

compatir (à quelque chose) to sympathize, to understand something

compositeur *m.,* **compositrice** *f.* composer

comprendre to understand

compris(e) included

compter to count; **compter sur** to count on

concours *m.* contest, competition; **concours oratoire** public-speaking contest

conduire to drive

se confondre to merge; to become confused

congrès *m.* congress

connaître to know

connu(e) well-known

conseil *m.* advice; council; **conseil d'école** student or school council

conseiller *m.,* **conseillère** *f.* adviser, cousellor

conservateur, conservatrice conservative

consommateur *m.,* **consommatrice** *f.* consumer

consommation *f.* consumption

contre against; **par contre** on the other hand

contribuer (à) to contribute (to)

convaincant(e) convincing

coordonnateur *m.,* **coordonnatrice** *f.* coordinator

copain *m.,* **copine** *f.* friend, pal

corriger to correct

côté *m.* side

couche *f.* diaper

couronnement *m.* coronation

cours *m.* class, course

course *f.* race; **course de sac** sack race

courses *f. pl.* shopping; **faire des courses** to go shopping

coûter to cost

couturier *m.,* **couturière** *f.* clothing designer

couvert *m.* place setting; **mettre le couvert** to set the table

couvrir to cover

crise *f.* crisis

critère *m.* criterion

critique *m., f.* reviewer; **critique** *f.* review

croire (cru) to believe; **croire à** to believe in

croustilles *f. pl.* chips

cuillère *f.* spoon; **jouer des cuillères** to play the spoons

cuisinier *m.,* **cuisinière** *f.* cook; **aide-cuisinier** assistant cook

curriculum vitae *m.* résumé

d'abord first

danse *f.* dance; **danse aérobique** aerobic dance

davantage more

débat *m.* debate

débutant(e) beginner

déchiffrer to decipher

déclarer to declare, announce

dédié(e) (à) dedicated (to)

défi *m.* challenge

défilé *m.* parade; **défilé de mode** fashion show

dégueulasse disgusting

dentifrice *m.* toothpaste

dentiste *m., f.* dentist

dépanneur *m.* convenience store

dépense *f.* expense, spending

dépenser to spend

dépliant *m.* leaflet

se dérouler to take place

désaccord *m.* disagreement

descendre to go down; **descendre en ville** to go into town

désolé(e) sorry

dessin *m.* drawing; **dessin animé** cartoon

dessinateur *m.,* **dessinatrice** *f.* designer

détective *m., f.* detective

se détendre to relax; to calm down; **détends-toi! relax!**

devenir to become

dîner *m.* lunch

directeur *m.,* **directrice** *f.* director; principal; manager

dirigeant *m.,* **dirigeante** *f.* leader

discours *m.* speech; **discours de bienvenue** welcome speech

dispendieux, dispendieuse expensive

disponibilité *f.* availability

disponible available

disque *m.* record; **disque compact** compact disc

divers(e) diverse, miscellaneous

docteur *m.,* **docteure** *f.* doctor

documentaire *m.* documentary

dommage *m.* harm; **c'est dommage** that's too bad

doué(e) gifted, talented

douleur *f.* pain, suffering

doute *m.* doubt; **sans doute** without a doubt

drôle funny

durée *f.* length, duration

durer to last

échange *m.* exchange

échecs *m. pl.* chess

économies *f. pl.* savings; **faire des économies** to save money

écran *m.* screen; **le petit écran** television

effacer to erase

également also, as well

électricien *m.,* **électricienne** *f.* electrician

embrasser to kiss, to embrace; **je t'embrasse** (at end of a letter) with love

émission *f.* programme, TV show

emmener (quelqu'un à) to take (someone to)

emploi *m.* job, employment

enchanté(e) delighted

endroit *m.* place

s'énerver to get excited

enfin finally, at last

enseigner to teach

ensemble *m.* whole; outfit, suit

ensemble together

s'entendre to get along; to agree

entier, entière entire

entraînement *m.* practice, training

entrer to enter, to come in

entrevue *f.* interview

envahir to invade

envers *m.* reverse, wrong side; **à l'envers** upside down

envoyer to send

épatant(e) extraordinary

épaule *f.* shoulder

époque *f.* time, era

épreuve *f.* test; sports event

équipe *f.* team

équipement *m.* equipment

équitable fair

équitation *f.* horseback-riding; **faire de l'équitation** to go horseback-riding

espérer to hope

espoir *m.* hope

esprit *m.* mind; spirit

essence *f.* gasoline; **faire le plein d'essence** to fill up the tank

étoile *f.* star; **à la belle étoile** under the stars

étonnant(e) surprising

étudier to study

événement *m.* event

éviter to avoid

exagérer to exaggerate

exigeant(e) demanding

exposition *f.* exhibit, show; **exposition de livres** book exhibit

exprimer to express; **s'exprimer** to express oneself

extrait *m.* excerpt

face *f.* side, face; **face à** faced with

facture *f.* bill, invoice

faire to make; to do; **faire preuve de** to show

familial(e) family

félicitations *f. pl.* congratulations

ferme *f.* farm

fervent(e) fervent, devoted

fête *f.* celebration; holiday; fair

fêter to celebrate

feu *m.* fire; **feu de camp** campfire

fiche *f.* card

fictif, fictive imaginary

fidèle loyal, faithful

fier, fière proud

film *m.* film, movie; **film d'amour** romance, love story; **film d'aventures** adventure movie; **film d'espionnage** spy movie; **film d'épouvante** horror movie; **film de guerre** war movie; **film policier** detective movie

financier, financière financial

finir to finish

firme *f.* firm

follement madly, wildly

fondateur *m.,* **fondatrice** *f.* founder

fondation *f.* founding

fonds *m.* fund; money

franchement frankly

fréquenter to go out with, to see; to frequent

friction *f.* conflict, friction

frites *f. pl.* French fries

gagnant *m.,* **gagnante** *f.* winner

gagner to win; **gagner de l'argent** to earn money

galant(e) gallant, courteous

garde-robe *f.* wardrobe

garder to keep; to look after

gardien *m.,* **gardienne** *f.* babysitter

gars *m.* guy (colloquial)

genre *m.* type, sort

gérant *m.,* **gérante** *f.* manager

gériatrie *f.* medical science dealing with old age and the aged

gigue *f.* jig

goût *m.* taste; **chacun son goût** to each his own

grandir to grow, increase

gratuit(e) free

grave serious

graviter (autour) to revolve (around)

grenier *m.* attic

guerre *f.* war

habiter to live (in)

habitude *f.* habit; **habitudes d'écoute** listening or viewing habits; **d'habitude** usually

s'habituer à to get used to

hâte *f.* haste, impatience; **avoir hâte** to be eager

hériter (de) to inherit

hésiter to hesitate; **n'hésitez pas** don't hesitate

heure *f.* hour; time; **heures de présentation** show times

heureusement fortunately, luckily

horaire *m.* timetable, schedule

huile *f.* oil

importer to matter; **n'importe qui** anyone

impôt *m.* tax

inattendu(e) unexpected

incroyable incredible

indispensable essential

inégalable unequaled

informatique *f.* computer science

ingénieur *m.,* **ingénieure** *f.* engineer

inondation *f.* flood

inoubliable unforgettable

instructeur *m.,* **instructrice** *f.* **de natation** swimming instructor

intermédiaire intermediate

interpréter to perform, to play

jamais never; **jamais de la vie** never in my life

jardinage *m.* gardening

jeter to throw; **jeter des regards passionnés à quelqu'un** to look passionately at someone

jeu *m.* game; play; **jeu de société** board game; **jeu électronique** video game; **salle** *f.* **de jeux électroniques** video arcade; **Jeux olympiques** Olympic Games; **jeu-questionnaire** TV quiz show; **jeu télévisé** TV game show

jeune young; **les jeunes** *m. pl.* young people

jouer to play

joueur *m.,* **joueuse** *f.* player

journal *m.* newspaper, magazine

jumeau *m.,* **jumelle** *f.,* **jumeaux** *pl.* twin(s)

jumeler to twin, to double; **jumelé(e)** twinned

lâcher to loosen; to let go of; **lâche pas la patate!** hang in there!

lampe *f.* lamp; light; **lampe de poche** flashlight

lancer to throw

lavage *m.* washing, laundry

lave-vaisselle *m.* dishwasher

lecteur *m.,* **lectrice** *f.* reader

lendemain *m.* the next day

lever to lift; raise

liaison *f.* relationship, affair

librairie *f.* bookstore

livrer to deliver

loisir *m.* spare time; **loisirs** activities done in one's spare time

lotion *f.* lotion; **lotion solaire** sun-tan lotion

lucratif, lucrative profitable; **organisme** *f.* **à but non lucratif** non-profit organization

lutte *f.* wrestling

macaron *m.* sticker, button

machiniste *m., f.* stagehand; special effects person; machinist

magasiner to go shopping

maillot *m.* top; **maillot de bain** swimsuit

maire *m.,* **mairesse** *f.* mayor

maïs *m.* corn; **maïs soufflé** popcorn

mal *m.* difficulty; **avoir du mal** to have difficulty

malentendants *m. pl.* the hearing-impaired

malheureusement unfortunately

maltraiter to abuse; **maltraité(e)** abused

manifestation *f.* demonstration; event

manquer to miss; **à ne pas manquer** not

to be to missed; **mon pays me manque** I miss my country

mari *m.* husband

mariage *m.* marriage

se marier to get married

mécanicien *m.,* **mécanicienne** *f.* mechanic

meilleur(e) better, best

même same; even; **quand même** even so

ménage *m.* housework

mériter to deserve

merveille *f.* marvel

météo *f.* weather forecast

métier *m.* job, trade

mettre to put; **mettre en valeur** to bring out, to highlight

meuble *m.* furniture

mieux better; **mieux vaut tard que jamais** better late than never

mieux *m.* best; **faire de son mieux** to do one's best

millier *m.* thousand

mini-jupe *f.* miniskirt

misère *f.* poverty, misery; **avoir de la misère à faire quelque chose** to have a hard time doing something

mode *f.* fashion; **la mode dernier cri** the latest fashion

moniteur *m.,* **monitrice** *f.* camp counsellor

monter to go up

montrer to show

morceau *m.* piece

mouffette *f.* skunk

mourir to die; **il est beau à mourir** he's to die for

moyenne *f.* average; **en moyenne** on average

mystérieux, mystérieuse mysterious

naître to be born

natal(e) native

natation *f.* swimming; **faire de la natation** to go swimming

net, nette clean; distinct, clear

nettoyage *m.* cleaning, clean-up

niaiseux, niaiseuse stupid, silly

nounours *m.* teddy bear

Nouveau-Brunswick *m.* New Brunswick

nouveaux mariés *m. pl.* newlyweds

Nouvelle-Écosse *f.* Nova Scotia

numéro *m.* number; a short performance

objectif *m.* goal, objective

obstétrique *f.* medical science dealing with birth

occasion *f.* occasion, opportunity

offre *f.* offer

offrir to offer; to give; **offert(e)** offered

ordures *f. pl.* garbage; **sortir les ordures** to take out the garbage

organiser to organize

organisme *m.* organization

os *m.* bone; **cancer des os** bone cancer

osciller to waver

ouverture *f.* opening

pain *m.* bread; **petit pain** roll

paix *f.* peace

pantalon *m.* pants; **pantalon à pattes d'éléphant** bell-bottom pants

parascolaire extracurricular

parc *m.* park; **parc d attractions** amusement park

paresseux, paresseuse lazy

parmi amongst

parole *f.* word; speech; **à vous la parole** it's your turn to speak; **paroles** *pl.* lyrics; comments

partager to share

partenaire *m., f.* partner

partie *f.* part; **faire partie de** to belong to, to be a member or part of

partiel(le) partial; **à temps partiel** part-time

partir to leave; to go; **à partir de** starting from

partout everywhere

passé *m.* past

passé(e) past, last

passeport *m.* passport

passer to pass; **passer du temps** to spend time; **passer un séjour** to visit; **se passer** to happen, to take place

passe-temps *m. inv.* pastime, hobby

passionné(e) passionate; **passionné** *m.,* **passionnée** *f.* enthusiast

se passionner (pour quelque chose) to have a passion for something

patin *m.* skate; **patin à roulettes** roller-skate; roller-skating; **être vite sur ses**

patins to be quick to understand or grasp a situation

patinage *m.* skating; **patinage artistique** figure skating

payer to pay

pays *m.* country

péché *m.* sin

pédagogique educational

pédiatrie *f.* medical science dealing with children

peine *f.* difficulty, effort; **c'est peine perdue!** it's a lost cause!

peinture *f.* painting; picture

pelouse *f.* lawn; **tondre la pelouse** to mow the lawn

perdre to lose

personnage *m.* character

pied *m.* foot; **avoir mal aux pieds** to have sore feet

pion *m.* pawn

piscine *f.* swimming pool

plaire (à quelqu'un) to please (someone)

plaisanter to joke

plaisir *m.* pleasure; **faire plaisir à quelqu'un** to please someone

planche *f.* board; **planche à voile** sailboard; windsurfing

plein(e) full; **en plein air** outdoors; **plein de vie** full of life

plombier *m.*, **plombière** *f.* plumber

plongée *f.* diving; **plongée sous-marine** scuba diving

plupart *f.* most, the majority

pluvieux, pluvieuse rainy

pneu *m.* tire; **gonfler les pneus** to fill tires with air

poids *m.* weight; **lancer du poids** shot-put

poignet *m.* wrist; **tir au poignet** arm wrestling

pompiste *m., f.* gas station attendant

porter to carry; to wear; **porter sur quelque chose** to concern

poumon *m.* lung

poussière *f.* dust

pouvoir *m.* power; **au pouvoir** in power

préférer to prefer; **préféré(e)** favourite

premier ministre *m.* prime minister; premier

première *f.* premiere

préparatifs *m. pl.* preparations

présenter to introduce

président *m.*, **présidente** *f.* president; **président-directeur général** *m.*, **présidente-directrice générale** *f.* **(p.-d.g.)** chief executive officer (C.E.O.)

presque almost

presse *f.* press, media

pression *f.* pressure

prévenir to anticipate; to plan

prix *m.* price; prize; award; **prix de présence** door prize

procurer to bring

producteur *m.*, **productrice** *f.* producer

produire to produce; **produit(e)** produced

professionnel, professionnelle professional

programmeur *m.*, **programmeuse** *f.* computer programmer

promenade *f.* walk, ride; **promenade en chariot** hayride, haywagon ride

protéger to protect

provenance *f.* origin; **en provenance de** from

publicitaire advertising; **annonce** *f.* **publicitaire** advertisement; **pause** *f.* **publicitaire** commercial break

puisque since, seeing that

pyrotechnique fireworks

quilles *f. pl.* bowling

ragoût *m.* stew; **ragoût de boulettes** meatball stew

randonnée *f.* ride, walk, hike

ranger to tidy or clean up

rapport *m.* report

rapporter to bring in

rassemblement *m.* gathering

ravissant(e) ravishing, beautiful

réalisateur *m.*, **réalisatrice** *f.* director

réaliser to realize, to fulfill

recette *f.* recipe; earnings, takings

recherche *f.* search; research; **à la recherche de** in search of

récit *m.* story

réclame *f.* advertisement

reconnaître to recognize

recueillir to collect

recyclage *m.* recycling; **boîte** *f.* **de recyclage** recycling box; **centre** *m.* **de recyclage** recycling centre

rédacteur *m.*, **rédactrice** *f.* editor; writer

rédiger to write, to compose

refuser to refuse

regard *m.* look, glance

regretter to regret, to be sorry

rejoindre to join; to meet

remerciement *m.* thanking, thank-you, thanks

remercier to thank

remettre to put back; to present; **se remettre** to recover, get well

remise *f.* presentation; handing in; **remise des diplômes** graduation

remplir to fill; **rempli(e) (de)** full (of)

rencontrer to meet

renseignements *m. pl.* information

rentrer to come home; to return

renversé(e) reversed

répondeur *m.* answering machine

répondre to answer

reportage *m.* report

représentation *f.* show, performance

restauration *f.* catering

rester to stay, to remain

retour *m.* return

retourner to return, to go back

retraité(e) retired

réunion *f.* meeting

réunir to bring together; **réuni(e)** together, reunited

réussir to succeed, to pull off

réveillon *m.* Christmas Eve or New Year's Eve party

révéler to reveal

revenir to come back; **en revenir** to get over it; **je n'en reviens pas!** I can't get over it!

revenu *m.* income

rien nothing; **il n'y a rien** there's nothing

rimer to rhyme

rire to laugh; **tu veux rire!** you must be joking!

rouli-roulant *m.* skateboard; skateboarding

sac *m.* bag; **sac à dos** knapsack; **sac de couchage** sleeping bag

salaire *m.* salary; **salaire horaire** hourly wage

salle *f.* room; **salle d'urgence** emergency room

saluer to salute

sans without; **sans toi** without you

santé *f.* health

saut *m.* jump, jumping; **saut en hauteur** high jump; **saut en longueur** long jump

savoir to know (how to)

scolaire related to school

séjour *m.* stay, visit

semblable similar

sembler to seem

sensibiliser quelqu'un à quelque chose to make someone sensitive to something

sensible sensitive

sentiment *m.* feeling

sérieux, sérieuse serious

serveur *m.*, **serveuse** *f.* waiter, waitress

serviette *f.* towel; **serviette de bain** bath towel

seulement only

siècle *m.* century

situé(e) located

ski *m.* ski, skiing; **ski alpin** downhill skiing; **ski de fond** cross-country skiing; **ski nautique** waterskiing

sociologie *f.* the study of society

soigner to look after

soirée *f.* evening; party; **soirée masquée** costume party

solitaire solitary

sollicitation *f.* appeal, solicitation

solliciter to solicit, to request

sommet *m.* summit

sondage *m.* poll, survey

sortie *f.* outing, date

sortir to go out

souffle *m.* blow; breath; **couper le souffle** to take one's breath away

souffrir (de) to suffer (from)

souhaiter to wish, to hope; **souhaiter la bienvenue à quelqu'un** to welcome someone

souligné(e) marked, highlighted

soupe *f.* soup; **soupe aux pois** pea soup

souper to have dinner or supper; **souper** *m.* dinner

souscription *f.* contribution; subscription

souvenir *m.* memento, keepsake

souvent often

spectacle *m.* entertainment, show

spectateur *m.*, **spectatrice** *f.* member of the audience, spectator

stade *m.* stadium

station-service *f.* gas station

suffire to be enough; **ça suffit!** that's enough!

suite *f.* continuation; result; **comme suite à** as a result of

suivre to follow

surprendre to surprise; **ça me surprend** that surprises me

surveiller to watch, to supervise

sympa nice

tableau *m.* table, chart; blackboard

tâche *f.* task

talon *m.* heel; **talons de billets** ticket stubs

tanné(e) de fed up with, tired of

taquiner to tease

tard late

tarder to put off, to delay; **ne tardez pas!** don't delay!

tarte *f.* pie; **tarte au sucre** sugar pie

tas *m.* heap, pile; **un tas de choses** a lot of things

technicien *m.*, **technicienne** *f.* technician

télé *f.* TV

télé-horaire *m.* TV guide

télécommande *f.* TV remote control

téléphérique *m.* cable car

téléroman *m.* TV soap opera

téléviseur *m.* television set

tellement so much

temporel, temporelle related to time; **capsule** *f.* **temporelle** time capsule; **ligne** *f.* **temporelle** time line

temps *m.* time; **temps libre** free time; **à temps partiel** part-time; **à temps plein** full-time

tendrement affectionately

tendresse *f.* tenderness

terrain *m.* ground; **terrain de jeux** playground

Terre-Neuve *f.* Newfoundland

Territoires du Nord-Ouest *m. pl.* Northwest Territories

Tiers monde *m.* Third World

timbre *m.* stamp

timide timid, shy

tir *m.* shooting; **tir à l'arc** archery

tomber to fall; **tomber en amour** to fall in love

tour *f.* tower; rook (in chess)

tourtière *f.* French-Canadian meat pie

tout à fait entirely, completely

travail *m.* work, job; **travail ménager** housework

à travers through

traverser to cross

trembler to tremble; **trembler dans ses culottes** to shake like a leaf

troupe *f.* troupe, company

vacances *f. pl.* vacation; **partir en vacances** to go on vacation

vaillant(e) brave, courageous

vaisselle *f.* dishes

valise *f.* suitcase

vedette *f.* TV, music or film star

vélo *m.* bicycle; cycling

vendeur *m.*, vendeuse *f.* salesperson

vendre to sell

venir to come; **un flash vient d'arriver** a newsflash has just arrived

vente *f.* sale; **en vente** on sale

vérifier to check

véritable real, genuine

vérité *f.* truth

verser to spill; **verser des larmes** to shed tears

vêtement *m.* article of clothing; **vêtements** *pl.* clothing

veuillez please

vidéoclip *m.* music video

vieux, vieille old

visite *f.* visit; **visite libre** open house; **rendre visite à quelqu'un** to visit someone

voile *f.* sail; sailing

voir (vu) to see, to look at; **voyons donc!** now look here!

voiture *f.* car; **voiture sport** sportscar

voyage *m.* journey, trip; **voyage de noces** honeymoon; **j'ai mon voyage!** I've had it!

vrai(e) real, true

vraiment really

vue *f.* sight; view; **en vue du poste annoncé** keeping the advertised job in mind

Exercices
de renforcement

A Complète la phrase par la forme correcte du verbe au passé composé.

1. (parler) J' ～～～ à Lise au téléphone la semaine dernière.

2. (regarder) Est-ce que tu ～～～ l'émission *Cinécritique* hier soir?

3. (penser) Qu'est-ce que Michèle ～～～ du film?

4. (oublier) C'est la troisième fois que Paul ～～～ ses livres.

5. (gagner) Qui ～～～ le prix Génie pour le meilleur acteur l'année dernière?

6. (manquer) Malheureusement, nous ～～～ le concert vendredi dernier.

7. (présenter) Est-ce que vous ～～～ votre projet à la classe hier matin?

8. (jouer) Imagine! Ils ～～～ dans le groupe de Roc Berri l'été dernier.

9. (mériter) Ces actrices ～～～ leurs prix.

10. (prononcer) Paul Ramirez ～～～ seulement cinquante mots dans tout le film.

B Complète la phrase par la forme correcte des verbes **voir** ou **faire** au passé composé.

1. Renée ～～～ seulement deux erreurs hier dans le test de français.

2. J' ～～～ un excellent film à la télé hier soir.

3. Est-ce que tu ～～～ le directeur ce matin?

4. J' ～～～ la vaisselle cinq fois la semaine dernière!

5. Vous ～～～ Roc Berri en personne! Quelle chance!

6. Nous ～～～ de la bicyclette pendant cinq heures dimanche dernier.

7. Ces filles ～～～ tous les films de Paul Ramirez.

8. Mes parents ～～～ du ski en Alberta l'année dernière.

9. Est-ce que tu ～～～ le match de base-ball hier après-midi?

10. Vous ～～～ une très belle affiche pour la danse de la Saint-Valentin.

C Complète la réponse négative à chaque question en suivant l'exemple.

Exemple:

Est-ce que Pierre a manqué sa classe?
Non, il n'a pas manqué sa classe.

1. Est-ce que Julie a oublié ses livres?
   Non, elle 〰〰〰

2. Est-ce que vous avez pensé à la solution?
   Non, nous 〰〰〰

3. Est-ce que nous avons manqué le commencement du film?
   Non, vous 〰〰〰

4. Est-ce que les profs ont assisté au concert de Roc Berri?
   Non, ils 〰〰〰

5. Est-ce que tu as gagné un million de dollars à la loterie?
   Non, je 〰〰〰

6. Est-ce que j'ai fait la vaisselle hier soir?
   Non, tu 〰〰〰

7. Est-ce que tu as vu *Les liaisons mystérieuses*?
   Non, je 〰〰〰

8. Est-ce que vous avez chanté pendant le concert?
   Non, nous 〰〰〰

9. Est-ce que Chantal a regardé *Cinécritique* vendredi dernier?
   Non, elle 〰〰〰

10. Est-ce qu'ils ont parlé à leurs parents?
    Non, ils 〰〰〰

D Pose la question en utilisant l'inversion.

Exemple:

Il a chanté la chanson-titre du film?
A-t-il chanté la chanson-titre du film?

1. Tu as regardé cette émission?

2. Elles ont joué ta chanson favorite?

3. Nous avons prononcé nos lignes avec précision?

4. Vous avez assisté à la soirée?

5. Elle a fait un film policier?

6. Vous avez vu son dernier film?

7. Ils ont admiré cet acteur?

8. Tu as fait ton travail?

9. Il a vu le film de Paul Ramirez?

10. Vous avez oublié la date de votre présentation?

E Complète la phrase par la forme correcte du verbe au passé composé.

1. (finir) À quelle heure est-ce que le film ~~~~ hier soir?

2. (ne pas attendre) Je ~~~~ mes copains après le concert.

3. (choisir) Est-ce que Paul et Marc ~~~~ un bon film vidéo?

4. (répondre) Les vedettes ~~~~ aux questions des journalistes.

5. (réfléchir) J'~~~~ pendant cinq minutes avant de décider.

6. (vendre) Paul Ramirez ~~~~ sa magnifique maison à Montréal.

7. (ne pas finir) Je ~~~~ l'article sur Claire Gallant.

8. (perdre) Quoi? Vous ~~~~ les billets pour le concert?

9. (choisir) Tu ~~~~ un rôle intéressant.

10. (entendre) Nous ~~~~ des choses fascinantes au sujet de Claire Gallant.

11. (ne pas réussir) Malheureusement, vous ~~~~ au dernier test d'anglais.

12. (investir) Cette actrice ~~~~ tout son argent dans un grand hôtel.

F Mets l'adverbe au bon endroit dans la phrase.

Exemple:

(déjà) Tu as vu l'émission de vidéoclips?
Tu as déjà vu l'émission de vidéoclips?

1. (toujours) Nous avons admiré cet acteur.

2. (bien) La femme n'a pas répondu aux questions de la détective.

3. (souvent) Claire Gallant a chanté la chanson-titre du film.

4. (beaucoup) J'ai réfléchi à cette question.

5. (encore) Ils n'ont pas fini de filmer ce documentaire.

6. (vraiment) Tu as aimé ce western?

7. (complètement) Vous avez oublié la date de votre présentation?

8. (mal) Ces acteurs ont joué leurs rôles.

A Complète la phrase par la forme correcte du verbe **venir**.

1. Paul, je vais au centre sportif après l'école. Est-ce que tu 〰〰 avec moi?

2. Sophie Gagnon 〰〰 de Sudbury.

3. Il ne peut pas 〰〰 chez moi samedi.

4. Elles 〰〰 au centre commercial avec moi.

5. Vous 〰〰 au restaurant avec nous?

B Complète la phrase par la forme correcte du verbe **partir**.

1. Je 〰〰 pour Vancouver mercredi.

2. Pourquoi est-ce que tu 〰〰 maintenant?

3. Est-ce que Franco 〰〰 avec Christine?

4. Nous 〰〰 pour l'école à huit heures.

5. Les deux frères 〰〰 pour Vancouver avec Christine.

C Complète la phrase par la forme correcte du verbe **sortir**.

1. Je 〰〰 toujours avec mes copains samedi soir.

2. Veux-tu 〰〰 avec nous?

3. Tu 〰〰 avec Sonia?

4. Est-ce que Suzanne 〰〰 avec Daniel?

5. D'habitude les garçons 〰〰 après le match de hockey.

D Complète la phrase par un sujet logique choisi dans la liste ci-dessous.

1. 〰〰 est restée chez sa copine hier soir.

2. 〰〰 sont souvent sortis ensemble.

3. Est-ce que 〰〰 es venu avec Sébastien?

4. 〰〰 suis tombé en amour.

5. Êtes- 〰〰 montés au sommet du mont Whistler?

Suzanne	vous
je	tu
Christine et Marc	

E Complète la phrase en faisant l'accord nécessaire.

1. Elle est allé~ à Vancouver pour participer à l'échange bilingue.

2. Avec qui est-ce que tu es venu~ à la danse, Rosanne?

3. Sophie et Andrew sont sorti~ plusieurs fois.

4. Sommes-nous entré~ en retard?

5. Quel jour êtes-vous arrivé~, mes amis?

6. Isabelle et Cathy sont descendu~ en ville pour voir un film.

7. Mathieu et Angelo sont monté~ au sommet du mont Whistler.

8. Serge est né~ à Vancouver.

9. À quelle heure est-ce que vous êtes rentré~ après la danse, vous deux?

10. Avec qui est-ce que Sonia est parti~?

F Compose une phrase complète en mettant le verbe au passé composé.

Exemple:

Je / tomber / deux fois dans le couloir de l'école.
Je suis tombé(e) deux fois dans le couloir de l'école.

1. Ma soeur / arriver / à l'école en retard.

2. Nous / partir / trop tard.

3. Mes amies Jeanne et Gloria / rester chez elles.

4. Mon cousin / monter / sur la chaise et il / tomber.

5. Mes parents / venir / à la soirée / avec leurs amis.

6. Nous / descendre / en ville / avec nos cousins.

7. Et toi, Georges, tu / sortir / tout seul, n'est-ce pas?

8. Et vous, mes amis, vous / aller / voir un mauvais film, n'est-ce pas?

G Compose une phrase complète en utilisant le passé composé au négatif.

Exemple:

Jules / venir / chez moi.
Jules n'est pas venu chez moi.

1. Nous / aller / à la soirée.

2. Mes amis / retourner / en ville.

3. Tu / arriver / à cinq heures.

4. Madeleine / tomber / de sa bicyclette.

5. Vous / rentrer / avec vos parents.

6. Les jeunes filles / partir / pour Montréal.

7. Sa grand-mère / mourir / l'année dernière.

8. Les jumeaux / naître / en février.

H Pose des questions en utilisant le passé composé à l'inversion.

Exemple:

Elle / monter à la tour Eiffel.
Est-elle montée à la tour Eiffel?

1. Ils / descendre dans le Grand Canyon.

2. Vous / sortir avec vos cousins français.

3. Elle / aller à la Martinique.

4. Je / partir le 10 juillet.

5. Tu / venir de Belgique.

6. Il / rester à l'auberge de jeunesse.

7. Vous / retourner chez vous trop tard.

8. Elles / arriver avec un groupe.

A Complète la phrase par la forme correcte du verbe **vouloir** au présent.

1. Je ∿∿∿ regarder mon émission favorite ce soir.

2. Est-ce que ton frère ∿∿∿ aller au camp AngloFun?

3. Avec qui est-ce que vous ∿∿∿ parler?

4. Pourquoi est-ce que tu ∿∿∿ partir maintenant?

5. Pourquoi est-ce qu'elles ne ∿∿∿ pas jouer au soccer?

B Complète la phrase par la forme correcte du verbe **pouvoir** au présent.

1. Est-ce que Marianne ∿∿∿ avoir la voiture ce soir?

2. Vous ∿∿∿ aller à la danse.

3. Je ∿∿∿ comprendre son opinion.

4. Tu ∿∿∿ jouer de la guitare?

5. Ils ∿∿∿ rester à la soirée jusqu'à minuit.

C Complète la phrase par la forme correcte du verbe **devoir** au présent.

1. Je ∿∿∿ parler avec monsieur Giroux. C'est urgent.

2. François ∿∿∿ aider ses parents samedi. Ils sont très occupés.

3. Pourquoi est-ce qu'elles ∿∿∿ rester après les classes?

4. Nous ∿∿∿ envoyer une fiche biographique.

5. ∿∿∿ -tu toujours jouer la même chanson?

6. Vous ∿∿∿ absolument voir les épreuves d'athlétisme!

7. ∿∿∿ -elle toujours poser des questions?

8. Ils ∿∿∿ travailler jusqu'à midi.

175

D Fais une phrase au superlatif en utilisant **le plus, la plus** ou **les plus**.

Exemple:

Pierre est / grand garçon.
Pierre est le plus grand garçon.

1. Suzanne est / belle fille.

2. Tes amis sont / jeunes moniteurs.

3. C'est / jolie couleur.

4. Jean est / petit élève.

E Fais une phrase au superlatif en utilisant **le moins, la moins** ou **les moins**. Fais attention à la position de l'adjectif.

Exemple:

C'est / activité intéressante.
C'est l'activité la moins intéressante.

1. C'est / sport passionnant.

2. Jacques et Henri sont / élèves sportifs.

3. Ce sont / voitures populaires.

4. C'est / leçon difficile.

F Fais une phrase au superlatif en utilisant **meilleur**.

Exemple:

C'est / bon restaurant.
C'est le meilleur restaurant.

1. C'est / bonne école.

2. Ce sont / bons artistes.

3. Julie et Marianne sont / bonnes chanteuses.

4. Mon frère est / bon vendeur.

5. Ce sont / bons livres.

6. Ce sont / bonnes candidates.

7. C'est / bonne chanson.

8. C'est / bon vidéoclip.

G Choisis un des trois sujets et donne ton avis en utilisant le superlatif. Fais attention à la position de l'adjectif.

Exemple:

la France / le Japon / l'Italie
(beau / pays)
À mon avis, l'Italie est le plus beau pays des trois.

1. l'été / le printemps / l'hiver
(la saison / belle)

2. la musique pop / le rock / la musique country (la musique / populaire)

3. le ski / le tennis / la danse
(le passe-temps / meilleur)

4. la Mustang / la Toyota / la Jaguar
(la voiture / classique)

5. le bleu / le mauve / le rouge
(la couleur / jolie)

6. l'orange / la banane / la pomme
(le fruit / délicieux)

7. la pizza / le rosbif / le poisson
(nourriture / meilleure)

8. le film d'amour / la comédie / le film d'aventures (le film / intéressant)

H Complète la phrase par la préposition **à** ou **de**.

1. Je n'arrive pas communiquer en anglais.

2. Il a envie participer au camp d'immersion.

3. Nous essayons comprendre la culture canadienne-française.

4. Est-ce que tu continues faire du sport?

5. Ils ont besoin rédiger une lettre.

6. J'ai envie jouer au base-ball.

7. Est-ce que vous commencez prendre des leçons de danse?

8. Peux-tu m'aider faire mes devoirs?

A Complète la phrase par le verbe **faire** au présent.

1. Ce sont les enfants qui 〜〜 le ménage.

2. C'est ma soeur qui 〜〜 le jardinage.

3. C'est moi qui 〜〜 le lavage aujourd'hui.

4. C'est vous qui 〜〜 la vaisselle?

5. C'est toi qui 〜〜 le travail, n'est-ce pas?

B Complète les phrases en utilisant les verbes suivants.

dois passer   lave   doivent sortir
 ont fait   as préparé

1. C'est Danielle qui 〜〜 la voiture tous les samedis.

2. C'est toi qui 〜〜 l'aspirateur.

3. Ce sont mes frères qui 〜〜 le jardinage.

4. C'est toi qui 〜〜 le souper, n'est-ce pas?

5. Ce sont Jean et Paulette qui 〜〜 les ordures.

C Réponds à la question en suivant l'exemple.

Exemple:

Qui fait le lavage? (Marie)
C'est Marie qui fait le lavage.

1. Qui met le couvert chaque soir? (Pauline)

2. Qui sort les ordures? (moi)

3. Qui doit laver la voiture? (Olivier)

4. Qui prépare le souper? (vous)

5. Qui aide Maman? (nous)

D Pose une question en suivant l'exemple.

Exemple:

toi / aller / au magasin
C'est toi qui vas au magasin?

1. vous / jouer / au hockey

2. nous / faire / le ménage

3. Julie / finir / le travail

4. moi / être / le juge

5. toi / décorer / le salon

E Complète la phrase en choisissant la forme correcte de l'impératif.

1. Madame Beaulieu parle à sa fille.
   (Étudie/Étudiez/Étudions) maintenant!

2. Monsieur Bondy parle à mademoiselle Smith.
   (Mange/Mangez/Mangeons) ensemble ce soir!

3. Monsieur Parent parle à ses enfants.
   (Fais/Faites/Faisons) le lavage ce matin!

4. Marcel parle à son ami.
   N'(oublie/oubliez/oublions) pas mes cassettes.

5. Monsieur Colbin parle à son fils.
   (Sors/Sortez/Sortons) les ordures maintenant.

F Donne un ordre en suivant l'exemple.

Exemple:

Passer l'aspirateur. (Marie)
Marie, passe l'aspirateur!

1. Ranger la vaisselle dans le lave-vaisselle. (Paul)

2. Faire le jardinage. (Anne)

3. Ne pas oublier de ranger la cuisine. (Papa et Stéphane)

4. Sortir les ordures. (Papa)

5. Laver la voiture. (Marie et Paul)

G Ta patronne est très exigeante. Qu'est-ce qu'elle te demande de faire? Fais une phrase en suivant l'exemple.

Exemple:

laver la vaisselle
Elle me demande de laver la vaisselle.

1. nettoyer le plancher

2. ramasser les ordures

3. ranger les produits sur l'étagère

4. travailler à la caisse

5. sortir les ordures

H Toi et ton ami, vous avez un patron exigeant. Qu'est-ce qu'il vous dit de faire? Fais une phrase en suivant l'exemple.

Exemple:

balayer le plancher
Il nous dit de balayer le plancher.

1. vérifier l'huile

2. gonfler les pneus

3. classer des lettres

4. passer l'aspirateur

5. faire le plein d'essence

A Complète la phrase en utilisant **le, la, l'** ou **les**.

1. Ce travail? Je ∿∿∿ fais maintenant.

2. Cette chanson? Je ∿∿∿ écoute tout le temps.

3. Georges? Elle ∿∿∿ aime beaucoup.

4. Mes grands-parents? Nous ∿∿∿ voyons presque chaque fin de semaine.

5. L'argent? Je ∿∿∿ dépense facilement.

6. Les beaux jardins? Ils ∿∿∿ admirent.

7. Cette maison? Tu ∿∿∿ vends, n'est-ce pas?

8. Ces chanteurs? Vous ∿∿∿ trouvez formidables?

B Remplace les mots soulignés dans la phrase par **le, la, l'** ou **les**.

Exemple:

Les élèves écoutent la <u>chanson</u>.
Les élèves l'écoutent.

1. Mes amis achètent <u>le nouveau disque compact</u>.

2. Nous ne faisons pas <u>les devoirs</u>.

3. Est-ce que tu comprends <u>la leçon</u>?

4. Il n'aime pas <u>la musique classique</u>.

5. Elle invite <u>son ami</u> au cinéma.

C Compose des dialogues en suivant l'exemple. Il faut utiliser **le, la, l'** ou **les**.

Exemple:

faire les devoirs
— *Est-ce que tu fais tes devoirs?*
— *Oui, je les fais.*

ou

— *Non, je ne les fais pas.*

1. regarder souvent la télé
2. écouter toujours le prof
3. aimer les films français
4. attendre l'autobus
5. sortir les ordures

D Compare le présent et le passé, en utilisant **plus, moins** ou **aussi** et la forme correcte de l'adjectif suggéré.

Exemple:

les voitures / rapide
Aujourd'hui, les voitures sont plus rapides qu'autrefois.

1. la vie / difficile
2. les examens / facile
3. les maisons / cher
4. la musique / harmonieux
5. les ordinateurs / lourd
6. la mode / extravagant

E Complète la phrase en choisissant le verbe correct.

Exemple:

Nous (regardais, regardions) la télé pendant des heures.
Nous regardions la télé pendant des heures.

1. Il (jouais, jouait) souvent de la guitare.
2. Est-ce que tes amis (dansait, dansaient) le «twist»?
3. On (portait, portais) toujours des mini-jupes.
4. Vous ne (protestions, protestiez) jamais?
5. Et toi, qu'est-ce que tu (aimais, aimait)?
6. Je (adoraient, adorais) discuter avec des amis.

F Fais une phrase en mettant le verbe suggéré à l'imparfait.

Exemple:

Je jouais tout le temps. (travailler)
Je travaillais tout le temps.

1. Il chantait toujours. (parler)

2. Mes amis aimaient les légumes. (détester)

3. Vous ne demandiez jamais d'argent. (dépenser)

4. Nous parlions souvent en groupe. (travailler)

5. Est-ce que tu achetais beaucoup de disques? (écouter)

G Complète la phrase par le sujet qui convient. Attention! Il y a parfois deux bonnes réponses.

Exemple:

∿∿∿ était très content.
Il était très content.

1. ∿∿∿ étaient riches.

2. ∿∿∿ étais fier et optimiste.

3. ∿∿∿ étions dans la maison.

4. ∿∿∿ étiez beaucoup en retard cette année-là.

5. ∿∿∿ était intelligente.

H Fais des phrases en utilisant le verbe **être** à l'imparfait.

Exemple:

Jean / à l'école.
Jean était à l'école.

1. Mon ami / au restaurant.

2. Vous / à la banque.

3. Mes parents / au sous-sol.

4. Je / au match de hockey.

5. Suzanne / à la bibliothèque.

6. Nous / dans le garage.

7. Tu / dans ta chambre.

8. Mes soeurs / au grenier.

9. Je / au cinéma.

10. On / au centre sportif.

I Mets les mots en ordre pour construire des phrases logiques.

1. ne / Ils / répondaient / très / bien / pas

2. réussissait / à / Il / examens / ses

3. fleurs / Est-ce que / vendiez / des / vous

4. mes / finissais / devoirs / toujours / Je

5. devant / attendions / cinéma / le / nos / amis / Nous

J Complète les phrases par la forme correcte du verbe à l'imparfait.

1. (finir) Est-ce que tu ~~~ toujours tes devoirs?

2. (vendre) Nous ne ~~~ jamais de fleurs dans la rue.

3. (répondre) Elle ne ~~~ jamais aux questions du professeur.

4. (réfléchir) Est-ce que vous ~~~ avant de commencer?

5. (attendre) Qui est-ce qu'ils ~~~ après les classes?

K Complète les phrases par la forme correcte du verbe à l'imparfait.

1. (sortir) Nous ~~~ souvent en groupe.

2. (avoir) J' ~~~ très chaud dans cette petite pièce.

3. (manger) Ils ~~~ toujours dans le même restaurant.

4. (vouloir) Tu ~~~ explorer le monde.

5. (écrire) Vous ~~~ des poèmes sur la nature.

6. (prendre) Elles ~~~ l'autobus pour aller au centre commercial.

7. (partir) Nous ~~~ en voyage.

8. (venir) Ma soeur Jeannine ~~~ chez moi tous les samedis.

L Pose des questions en utilisant l'inversion.

Exemple:

Il commençait à faire beau.
Commençait-il à faire beau?

1. Nous sortions en groupe pour aller à la danse.

2. Vous vouliez jouer de la guitare dans la rue.

3. Tu étudiais toujours avec ton ami, Roch.

4. Elle partait souvent avant la fin des cours.

5. Ils venaient nous voir jouer au ballon-panier.

Acknowledgements

The publisher wishes to thank Mary McNulty, Irena Jares and the Grade 9 and 10 French students of Rosedale Heights/Castle Frank High School for participating in our photo shoot.

The following organizations have kindly granted permission to reproduce text, authentic documents, illustrations or photos: *TV HEBDO 4, 5*; Les productions La Fête *10, 12*; The Canadian Press *29*; Les Bûcherons *45*; SEVEC *58, 59*; Les camps AngloFun *68, 69*; Olympic Trust of Canada *81*; GM of Canada, Sears Canada Inc. *140, 141*; La Corporation des célébrations du 350ᵉ anniversaire de Montréal *148, 149*

Illustrations

Kathryn Adams *40-41, 119, 153*; Ian Chalmers *30-31, 76-77, 84, 114-115, 144-145*; Gary Clement *20-21, 63, 96-97*; Mick Coulas *14-15*; Sylvie Daigneault *134-135, 136-137*; Sue Denti *26-27, 38-39*; Amanda Duffy *22-23*; Daniel Dumont *100-101, 106-107, 109*; Sharon Foster *34-35, 64-65, 94-95, 124-125, 154-155*; Kevin Ghiglione *4-5, 49, 126-127*; Donna Gordon *130-131*; Stephen Harris *99*; Dan Hobbs *32, 52-53, 58-59, 62*; Danielle Jones *55, 152*; Jane Kurisu *12, 36-37, 48, 56, 92-93*; Marie Lafrance *73, 150-151*; Lumbago *79*; Chris McElcheran (handtinting photos) *29, 45, 70*; Marc Mongeau *120-121*; Allan Moon *6-7, 8, 10-11, 22, 25, 28-29, 58, 67, 68-69, 82-83, 88-89, 98, 104, 115, 122, 140-141*; Joe Morse *6-7, 8, 13*; Scot Ritchie *105, 128-129*; Marion Stuck *74-75*; Russ Willms *102-103*

Photography

Sue Ashukian *10-11, 38-39, 43, 44-45, 48, 53, 57, 61, 71, 72, 76, 80, 85, 86, 91, 108, 110-111, 112-113, 118-119, 133, 145, 146-147*; Ray Boudreau *4, 9, 16-17, 18-19, 24, 33, 36-37, 42, 46, 50-51, 54, 66-67, 84, 87, 90-91, 93, 96-97, 99, 103, 105, 126-127, 128*

Props

Bugle Boy; Duke Cycle; McGregor Socks

Photos

pp. 4, 5: Canada Wide; *p. 28*: Bordertown/Alliance Communications, The Adventures of the Black Stallion/Alliance Communications, Black Robe/Alliance Communications, Lantern Hill/© 1990 Lantern Hill Motion Pictures Inc., Looking for Miracles/©1989 Looking for Miracles Productions Inc.; *p. 29*: Canapress, Canada Wide; *p. 36*: FPG International/Masterfile, Russell/First Light, Comnet/First Light; *p. 37*: Clarke/First Light, A. Edgeworth/Masterfile; *p. 46*: Colin Quirk/Miller Comstock; *p. 47*: Frank Grant/Miller Comstock, J.A. Kraulis/Masterfile, Maral Bablanian, Ministère du Tourisme du Québec; *p. 52*: B.C. Rail, Tourism B.C.; *p. 66*: Mark Tomalty/Masterfile, Parker/First Light, Al Harvey/Masterfile, Miller Comstock, Pierre St. Jacques/Miller Comstock; *p. 67*: Russell/First Light, ZEFA/Masterfile; *p. 78*: Canapress; *p. 79*: Alvis Upitis/The Image Bank of Canada, Canapress; *p. 114*: J.A. Kraulis/Masterfile; *p. 116*: Ottmar Bierwagen/Miller Comstock, Ed Regan/The Globe and Mail, Canada Wide/Reekie, Douglas E. Walker/Masterfile; *p. 117*: Jim Russell/Toronto Star; *p. 119*: Canapress; *p. 123*: ZEFA/Masterfile; *pp. 130, 131*: Ministère du Tourisme du Québec; *p. 132*: Sygma/Publiphoto; *p. 133*: Fournier/Publiphoto; *p. 138*: FPG Historical/Masterfile, Canapress; *p. 139*: FPG Historical/Masterfile, Canada Wide, Canada Wide/Leo Harrison; *p. 140*: Frank Prazak/Miller Comstock, Canapress; *p. 141*: Canapress

Special Design

Gary Beelik *58, 88-89, 118, 148-149*; Janice Goldberg *6-7, 8, 10-11, 24-25, 50-51, 68-69, 82-83, 104, 112-113, 140*

An honest attempt has been made to secure permission for and acknowledge contributions of all material used. If there are errors or omissions, these are wholly unintentional and the publisher will be grateful to learn of them.

4   5   5134-1   98   97